中/华/少/年/信/仰/教/育/读

紫禁城的故事

中华少年信仰教育读本编写委员会 / 编著

信仰创造英雄　信仰照亮人生

中国出版集团有限公司

世界图书出版公司
北京　广州　上海　西安

图书在版编目（CIP）数据

紫禁城的故事 / 中华少年信仰教育读本编写委员会
编著 . — 北京：世界图书出版公司，2016.5（2024.5 重印）
ISBN 978-7-5192-0876-9

Ⅰ. ①紫… Ⅱ. ①中… Ⅲ. ①紫禁城—青少年读物
Ⅳ. ① K928.74-49

中国版本图书馆 CIP 数据核字 (2016) 第 049131 号

书　　　名	紫禁城的故事 ZIJINCHENG DE GUSHI
编　　　著	中华少年信仰教育读本编写委员会
总　策　划	吴　迪
责任编辑	张建民
特约编辑	滕伟喆
出版发行	世界图书出版有限公司北京分公司
地　　　址	北京市东城区朝内大街 137 号
邮　　　编	100010
电　　　话	010-64033507（总编室）　（售后）0431-80787855　13894825720
网　　　址	http://www.wpcbj.com.cn
邮　　　箱	wpcbjst@vip.163.com
销　　　售	新华书店及各大平台
印　　　刷	北京一鑫印务有限责任公司
开　　　本	165 mm×230 mm　1/16
印　　　张	11
字　　　数	143 千字
版　　　次	2016 年 8 月第 1 版
印　　　次	2024 年 5 月第 5 次印刷
国际书号	ISBN 978-7-5192-0876-9
定　　　价	45.00 元

版权所有　翻印必究

（如发现印装质量问题或侵权线索，请与所购图书销售部门联系或调换）

序　言

信仰是什么？

列夫·托尔斯泰说："信仰是人生的动力。"

诗人惠特曼说："没有信仰，则没有名副其实的品行和生命；没有信仰，则没有名副其实的国土。"

信仰主要是指人们对某种理论、学说、主义或宗教的极度尊崇和信服，并把它作为自己的精神寄托和行动的榜样或指南。信仰在心理上表现为对某种事物或目标的向往、仰慕和追求，在行为上表现为在这种精神力量的支配下去解释、改造自然界和人类社会。

信仰，是一个人在任何时候都不能丢的最宝贵的精神力量。人有信仰，才会有希望、有力量，才会树立正确的价值观，沿着正确的道路前行，而不至于在多元的价值观和纷繁复杂的世界中迷失方向。

信仰一旦形成，会对人类和社会产生长期的影响。青少年是社会的希望和未来的建设者，让他们从普适意识形成之初就接受良好的信仰教育，可以令信仰更具持久性和深刻性，可以使他们在未来立足于社会而不败，亦可以使我们的伟大祖国永远立于世界民族之林。

事实上，信仰教育绝不是抽象的、概念化的教育，现实生活中，我们有无数可以借鉴的素材，它们是具体的、形象的、有形的、活生生的，甚至是有血有肉的。我们中华民族有着几千年的辉煌历史，多少仁人志士只为追求真理、捍卫真理，赴汤蹈火，前仆后继；多少文人骚客只为争取心中的一方净土，只为渴求心灵的自由逍遥，甘于寂寞，成就美名；多少爱国志士只为一个"义"字，不惜抛头颅、洒热血。他们如滚滚长江中的朵朵浪花，翻滚激荡，生生不息，荡人心魄。如果我们能继承和发扬这些精神和信仰，用"道"约束自己的行为，用"德"指导人生的方向，那么我们的文明必将更加灿烂，我们的国运必将更加昌盛。

正基于此，"中华少年信仰教育读本系列丛书"应运而生。除上述内容外，本丛书还收录了中国人民百年来反对外来侵略和压迫，反抗腐朽统治，争取民族独立和解放，前赴后继，浴血奋斗的精神和业绩，尤其是中国共产党领导全国人民为建立新中国而英勇奋斗的崇高精神和光辉业绩；不仅有中国历史上涌现出的著名爱国者、民族英雄、革命先烈和杰出人物，还有新中国成立以后涌现出的许许多多的英雄模范人物。

阅读这套丛书，能帮助青少年树立自己人生的良好的偶像观，能帮助青少年从小立下伟大的志向，能帮助青少年培养最基本的向善心，能帮助青少年自觉调节自己的行为，能帮助青少年锁定努力的方向，能帮助青少年增加行动的信心和勇气。

习近平总书记说："人民有信仰，民族才有希望，国家才有力量。"因此我们有理由相信：少年有信仰，国家必有希望。

中华少年信仰教育读本编写委员会

目录

第一章　紫禁城上说兴亡 / 001

燕王清君侧 / 001

迁都建皇城 / 006

北京南京的争论 / 010

闯王进京 / 014

清军入关 / 017

君临天下六十载 / 019

"无冕女皇"那拉氏 / 023

日落紫禁城 / 026

第二章　紫禁城的格局之美 / 032

紫禁城的由来 / 032

紫禁城的建筑布局 / 037

太和门 / 042

乾清门 / 046

内廷"后三宫" / 049

外朝"三大殿" / 057

养心殿 / 065

宁寿宫 / 067

御花园 / 069

第三章　紫禁城的珍宝之奇 / 074

稀世名画 / 074

三希堂的"三希帖" / 078

西洋的钟表 / 080

玉器珍品 / 083

珍贵的科学文物——手摇计算机 / 088

雕塑藏品 / 089

珍宝的修复 / 093

第四章　紫禁城里无限事 / 098

玺印制度 / 098

皇室服饰 / 104

后宫佳丽与选秀制度 / 108

丧礼制度的铺张 / 114

繁复的祭祀 / 118

丰盛奢华的御膳 / 122

明清节日饮食 / 131

康熙的"千叟宴" / 136

宫廷的娱乐 / 139

《四库全书》与文渊阁 / 143

"正大光明"的背后 / 147

隆宗门上的箭镞 / 149

后宫情仇 / 152

太监的天下 / 156

紫禁城的禁卫系统 / 159

报警和火警 / 163

皇宫中的取暖设备 / 165

宫中的宠物 / 167

第一章 紫禁城上说兴亡

从明成祖朱棣大手一挥，迁帝都，建皇城，到大清帝国覆灭于"民主、自由"，巍巍紫禁城迎来了一个又一个封建帝王。四季交替，时代更迭，这一切仿佛都不会对紫禁城产生任何影响，她一直那样静默而又庄严地伫立于北京城的中心，作为一段历史的标志而存在。当你来到她的身边，想了解她的过往时，她会耐心地告诉你，她所经历的一切……

燕王清君侧

要了解紫禁城，就不能不先说说北京城。

北京北依燕山，西靠太行，地势西高东低，有永定河围绕，历来被认为是"山环水抱必有气"的理想建都之地。北京最早叫作蓟，是周朝分封的一座都城。隋朝以蓟城为涿郡治所，唐属幽州。辽时期以蓟都为陪都，改称南京，又叫燕京。金

继辽之后正式迁都到这里，名为中都。

公元1271年，忽必烈定国号为元。其后攻灭南宋，统一全国。元朝的疆域空前广阔，东、南到海，西到今新疆，西南包括西藏、云南，北面包括西伯利亚大部，东北到鄂霍次克海。忽必烈听从大臣的意见，在中都的基础上，于郊外创建新城，定为国都，称大都。也就是从这时候起，北京才真真正正成为一个帝国的中心。

大都城在北京的历史发展过程中，起到了承前启后的作用，占有特殊重要的地位。元朝选择在北京建都后，对北京城进行了大规模的规划、扩建，使一座普通规模的城市，成为华北大地上一座规模巨大的都城。它的宏伟壮丽，当时在世界上可以说是首屈一指的。许多诗人为它写下了动人的诗篇。不少前来访问、游历的外国友人对它感到惊异、欢喜和赞叹。

明朝选择北京作为首都，在北京建造紫禁城，全是因为一个人。这个人比任何人都熟悉北京，了解北京作为都城的优势，同时又在北京有着绝对的势力。这个人，就是明朝初期负责驻守北方地区的燕王——朱棣。

燕王朱棣是朱元璋的第四个儿子,生于元至正二十年(公元1360年)。朱棣能力极强,明洪武十三年(公元1380年)就藩(分封土地)北平(今北京),多次受命参与北方军事活动,两次率师北征,可谓战功赫赫,在北方军队中有着极大的影响力。尽管如此,明太祖朱元璋却没有将朱棣列入自己皇位继承人的候选名单,而独钟情于太子朱标,并用尽一切心血培养他。

朱元璋认为,元朝之所以灭亡,一个重要的原因就是主弱臣强,皇帝得不到藩屏(边防重镇)之助。为了维护明王朝的统治,朱元璋希望利用家族力量建立起强大的统治体系,因此在缔造明王朝的同时,正式确立了封藩制,即将自己的诸子和个别宗室封为藩王,让他们率领精兵分驻全国各个要塞,建立起由皇权直接控制的军事中心。

朱棣共有兄弟26人,除被封为太子的兄长朱标以及已离世的九弟、二十六弟外,其余23人均被封王,朱棣也于明洪武三年(公元1370年)被封为燕王。这23位亲王,年纪稍长便要出镇地方,各立王府,设置官署,其冕服、车旗、仪仗仅低于天子一等,公侯大臣见面均须伏拜。

诸王还可拥有一支护卫军队。根据各位亲王的能力,护卫队人数为3000至2万不等。虽然看起来诸王所掌握的军队不多,但诸

王对各地都司（官名）统领的镇守兵也有监控权，一旦遭遇紧急情况，亲王可调遣镇守兵。

诸王中，燕、宁、辽、谷、代、晋、庆、秦、肃九王均立国塞上，驻守在从东北到西北的边防线上。因为"控要害"，这九位亲王的兵力也比一般亲王的雄厚，被称为"塞王"。

朱元璋以为把军权托付给自己的儿子们就万无一失了，却没有料到，兄弟尚可阋于墙，更别说这亲情淡薄的皇室家庭了。战功赫赫的秦王、晋王、燕王对太子都心存不满，几人之间暗潮涌动，都怀着对皇位的觊觎之心。

天有不测风云，明洪武二十五年（公元1392年），太子朱标病逝，秦、晋、燕三王之间的暗斗更加激烈起来。但出乎意料的是，朱元璋没在自己的皇子中选择继承人，而是立朱标的儿子朱允炆为皇长孙。这让三位野心勃勃的亲王大失所望。不久，秦王、晋王相继离世，摆在朱棣面前的障碍只剩下侄子朱允炆。

燕王朱棣的军事能力是有目共睹的，朱元璋非常清楚朱棣对于大明江山的重要性。晋王死后一个多月，朱元璋给朱棣一道敕谕，赞誉道："朕诸子独汝才智，秦、晋已薨，系汝为长，攘外安内，非汝其谁？"同时，又在敕谕中嘱托道："尔其统帅诸王，相机度势，防边义民，以答天心，以幅朕意。"朱元璋越清楚朱棣的实力，也就越明白他对于朱允炆来说是一个多么大的威胁。临死前，朱元璋下遗诏："诸王临国，毋得至京。王国所在文武吏士，听朝廷节制。"并亲自告诉皇孙朱允炆"燕王不可不虑"。显然，朱元璋是在尽可能地为朱允炆开辟统治之路，但资历尚浅的朱允炆哪里是羽翼丰满、野心勃勃的燕王的对手。

明洪武三十一年（公元1398年），朱元璋驾崩，朱允炆登基，史称建文帝。朱允炆刚登基就面临着严峻的形势。朱允炆相比他的叔叔，一无稳定的势力作为后盾，二无可以服众的战功。不仅燕王，其他二十几位藩王对其都心有不服，无不对这个"侄子"的皇位虎视眈眈。

建文帝朱允炆听从身边谋臣黄子澄的建议，进行削藩。朱允炆先后以各种名义削去了周王、代王、湘王的王位，并计划陆续将剩下的二十几位藩王的王位也一一削去。但削藩并不是一朝一夕就可完成的事情，就在建文帝的计划缓慢实行的同时，燕王朱棣也在酝酿自己的计划。

朱允炆施行削藩的时候，朱棣早已成为诸王中最年长且实力最为雄厚的一个。削藩前期，建文帝不敢轻易撼动他的地位，打算之后慢慢处置。但野心勃勃的朱棣怎会安心等待建文帝来削弱自己的力量，他早就在暗中招兵买马，广纳人才，为造反做准备。

建文元年（公元1399年），朱棣看时机成熟，起兵造反。虽说他的起兵本质是造反，但他却不能以此大逆不道的名号发兵，于是便以《明祖训》中"朝无正臣，内有奸佞，必举兵诛讨，以清君侧"为理由发兵。

再看建文帝这边。因为朱元璋执政后期，将众多名臣勇将赶尽杀绝，致使朱允炆虽坐拥帝位，身边却无几个可用之人，只得派幸存的老将耿炳文等人前去迎战。可惜他们也已是强弩之末，很快，朱允炆派出的兵将都陆续被朱棣的大军打败。

建文四年（公元1402年），朱棣攻入朱允炆所在的皇宫。兵败的建文帝在宫中放火，待朱棣攻入宫中时，其早已不知所踪。

因"靖难"有平乱的意思，又因朱棣是打着"以清君侧"的名义起兵造反，所以这次叛乱被后人称为"靖难之役"。

同年，燕王朱棣对外宣称建文帝及其长子已死，后在大臣们多次的"劝进"下，终于在南京奉天殿即皇帝位，成为赫赫有名的明朝第三代皇帝——明成祖，改第二年为永乐元年（公元1403年）。

朱棣的称帝不仅为明朝拉开了一段辉煌的历史序幕，也直接影响了之后北京作为首都的地位，以及之后紫禁城的建成。从这一刻开始，围绕着紫禁城所描绘的波澜壮阔的历史图卷，即将徐徐展开。

迁都建皇城

明清两朝的首都都是北京，但一开始朱元璋打下江山，并没有选择北京作为首都，而是到了明朝第三代皇帝明成祖时，才开始迁都北京。不过，朱元璋虽在南京定都，却一直有着"迁都"的念头。原因很简单，南京偏安江南，对控制辽阔的北方十分不利。洪武元年（公元1368年），朱元璋曾下诏书："江左开基，立四海永清之本；中原图治，广一视同仁之心。其以金陵（今南京）、大梁（今开封）为南、北京。"此诏书表达的中心意思是朱元璋打算设南、北两个都城。

朱元璋虽然提出了这个设想，却一直没有真正实行，更别提在北京建立都城了。他虽灭了元朝，却依旧选择在南京建立皇城。这也许是因他生于南方，对元朝人有着不可磨灭的敌视情绪，因此对曾作为元朝都城的北京有着极强的抵触情绪。朱元璋虽然心中有着千百个不愿意，但也不得不承认南京的地理劣势，还须尽早对北方实行防御对策。于是，就如上文所说的，朱元璋实行分封制，派了自己的几个儿子前往北方驻守，统兵御虏，想通过这种方式代替在北方建立都城。

在稳定北方、控制强虏方面，表现最为突出的就是当时还是燕王的朱棣。多年驻守北方，使他对北方的形势、情况非常了解，为之后迁都北京奠定了基础。

"靖难之役"后，朱棣成了明成祖。明成祖执政期间有许多功绩，其中一项就是迁都北京。

北京处于自然地理环境的分界线和民族区域的分界线这一特殊的位置上，从西周起，它即成为维系国家统一和发展的战略要地。北京由北方军事重镇发展成为统一的多民族国家的首都，经历了从西周初年（公元前1053年左右）至至元九年（公元1272年）两千多年的历程。五代时，辽在这里设陪都，建号南京，又称燕京。金代贞元元年（公元1153年）迁都这里，改称中都。此时，北京只是政治中心，并非真正的首都，直到元世祖忽必烈建立元朝，才正式定都北京，称北京为大都。

朱棣常年征战北方，又在北京居住了二十多年，当然清楚这里对于王朝统治的重要性，再加之对此地已有感情，迁都北京也就成了他心中最大的夙愿与必行的计划。

要想迁都北京，必先在北京城建起皇室专用的皇城。皇城即紫禁城，其修建的准备工作始于永乐五年（公元1407年），与营建北京城的时间一致。正式动工是从永乐十五年（公元1417年）开始的。整个修建工程是在元大都的基础上改造、扩建的。据史料记载："其制：中为奉天殿，殿之侧为左右二殿，奉天殿之南为奉天门，左右为东西角门，奉天门之南为午门，午门之南为承天门（今天安门）。奉天殿之北有后殿、凉殿、暖殿及人寿、景福、仁和、万春、永寿、长春等宫，凡为屋千六百三十余楹。"经过三年多的改建，北京宫殿、坛庙，"规制悉如南京，而高敞壮丽过之。复于皇城东南建皇太孙宫，东安门外建十王邸，通为八千三百五十楹"。

宫殿营造所需石料，主要来源于北京附近地区。例如，顺义牛栏山与门头沟马鞍山的青砂石、白虎涧等处的豆渣石、房山大石窝的青白石、河北曲阳的大理石等。修建宫殿，要求石材数量多、规格大。据统计，明代修筑紫禁城所需的5吨以上的石材就达万块以上。有些宫殿对石材的要求更高，像乾清宫与坤宁宫的春云出谷、泰山乔岳、神龙云雨、天地交泰、玉韫山光诸石，都是千里迢迢从云南等地运来的。

紫禁城所用木材主要来自四川、湖南、湖北、浙江、江西、山西等地。采集到的木材皆为名贵大木，楠木居多，长者达六七丈。当时所采集的木材之多，从一个数据中就可看出。据记载，在紫禁城营建工程完毕后，储存木材的大木仓的3600间仓房内还存有38万多根木材。

除了最主要的紫禁城，朱棣还在北京营建了不少园林、陵园等。大家熟悉的天坛就是永乐十八年（公元1420年）开始修建的，用来作为皇帝祭祀皇天，祈五谷丰登的场所。现在的天坛是圜丘坛与祈谷坛的总称，有内外两重城垣。圜丘坛建于明嘉靖九年（公元1530年），其北为存放圜丘祭礼神牌位的皇穹宇，再北是同为永乐十八年所建的大祈殿，清乾隆时又改名为祈年殿。

北京城的整体建造非常讲究，设计师们可谓使出了所有看家本领，设计布局极为严密和完整。北京城由一条中轴线纵贯南北，南起南边正中的永定门，北至皇城后门之北的钟鼓楼，长约7.8千米。城南布局及建筑皆以中轴线为依据而排列，外城、内城、皇城、宫城皆以此线对称展开。而紫禁城中的重要宫殿均坐落在中轴线上。

北京城的建设进行了15年。这期间，为配合迁都，朱棣下令从江南各地向北京大量移民；为了满足北京城建造所需要的大量材

料，朱棣大兴运河，打通南北的运输干线。据记载，明洪武三十年，通过海运由南输往北方的粮赋只有7万石（dàn，容积单位）。永乐六年，就增至65万石。永乐十二年（公元1414年），由运河输往北京的粮赋增至50万石，还有40万石由海运输入。到了永乐十六年（公元1418年），由运河输往北京的粮赋已高达460万石。

永乐十九年（公元1421年）正月初一，明王朝正式迁都北京，南京成为"陪都"。坐落于北京城正中心的紫禁城，也由此成为整个帝国的正中心。

北京南京的争论

朱棣虽成功将都城迁往北京，但就像朱元璋敌视北方一样，明朝很多亲王大臣们对迁都北京心存不满，三天两头就要觐见，表示应将都城搬回南京。紫禁城都已建起，朱棣怎会因几个大臣的"忠言"而放弃自己多年来的夙愿呢？

可天公不作美，又或是老天在考验朱棣迁都北京的决心，永乐

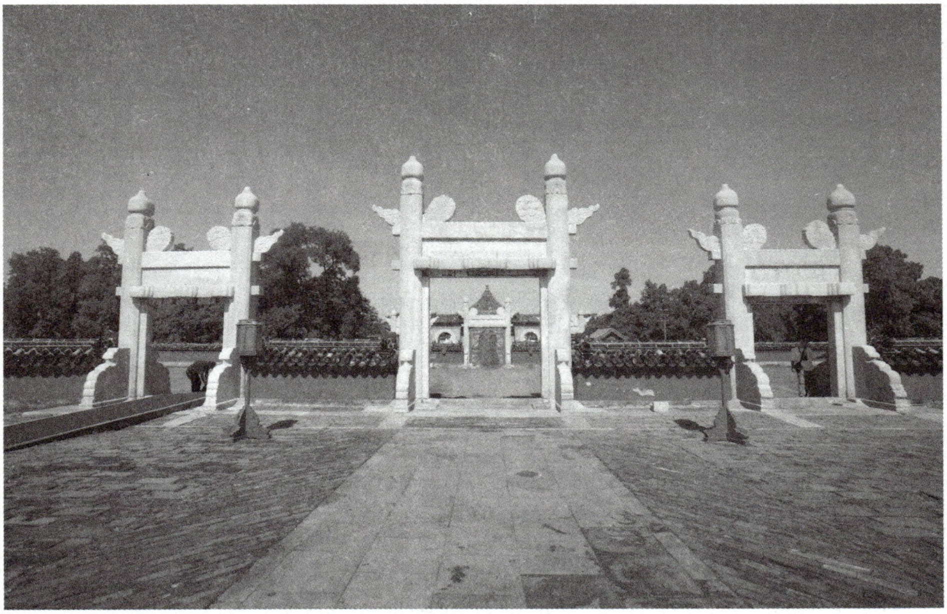

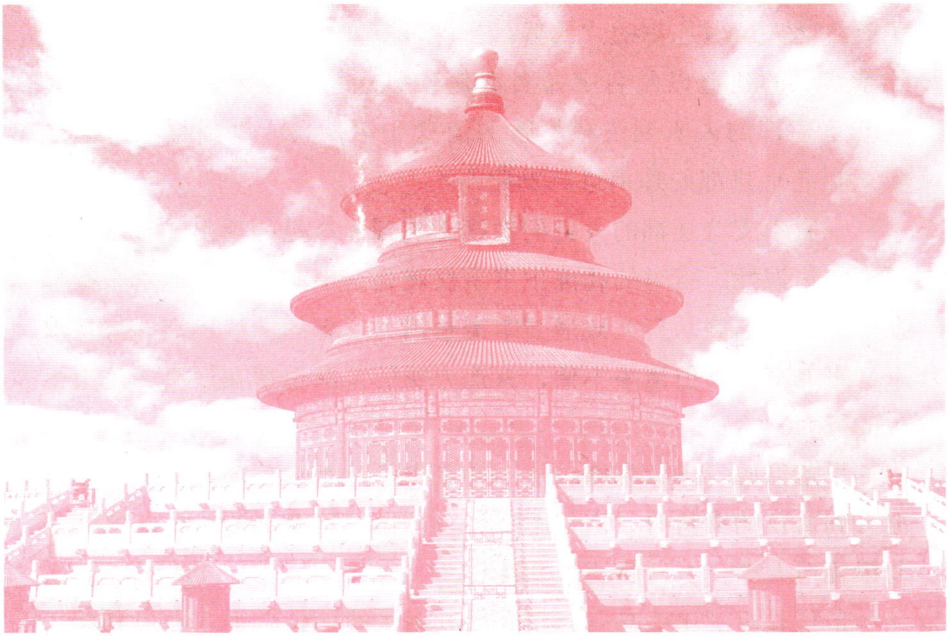

十九年（公元1421年），紫禁城宫殿建了不到半年，由雷击引起的火灾便将奉天、华盖、谨身三大殿毁于一旦。这样一场灾难，成了有心之人反驳迁都的"武器"。古时皇室讲究"天人合一"，就连紫禁城的建造以及名字命名都是依照这一原理来进行的。反对在北京建都的人听到三殿尽毁的消息非常高兴，立刻将此事当作阻止在北京建都的理由进行劝阻。

一直不支持迁都的大臣们像终于找到了充足的理由，整日讲着迁都的错误性。当时的礼部主事萧仪就是其中的代表，他给朱棣呈上一份奏折，表示三大殿遭受雷击是因为迁都的缘故，把国都从南京迁来北京，不但诸事不便，就连大明的皇脉也撂在江南，是大不敬的行为。

虽遭如此打击，朱棣却从不怀疑自己迁都的正确性。所以，当他看到萧仪的奏折时，震怒不已，立即以"谤君之罪"将萧仪抓进北镇抚司大牢，不日便处以了极刑。

萧仪是只"出头鸟"，正好撞到了朱棣的枪口上。在他身后还有众多只抱有相同想法的"鸟",只不过因为萧仪的关系,他们不敢再轻易"出头",只得在背后叽叽喳喳,叫个不停。这些"鸟"多半是科道言官。科道言官,一般都从年轻官员中选拔,这些人初涉仕途,多为热血青年,敢于弹劾不法权贵,因此历代皇帝对言官颇为倚重。此次言官反对明成祖迁都,大多也是认为"轻去金陵(南京),有伤国体"。不过,也并不是没有支持朱棣迁都的人,部院大臣们就大多支持迁都。

朱棣眼看关于迁都的争论愈演愈烈,一再压制并不是长久之计。于是,他下了一道圣旨,让科道言官与部院大臣一起到午门外跪下辩论。当时正值雨季,大臣们冒雨跪在午门外的广场上,争论得面红耳赤,而朱棣则舒服地坐在城楼上冷眼观看。

这场辩论持续了两天,双方谁也没有说服谁,却让各位大臣明白了朱棣迁都的决心是多么坚定。

永乐二十二年(公元1424年)七月,朱棣驾崩,他的儿子仁宗继位。仁宗对定都北京也有质疑,登基后不久,便表示要把都城迁回南京。天不遂人愿,仁宗在位不到一年,迁回南京的想法还没有实行,就撒手人寰了。之后,仁宗的儿子宣宗即位。宣宗是朱棣迁都北京的拥护者,做出了"暂不迁都"的决定。这一个"暂",一直持续到明朝灭亡。

都城究竟该定在北京,还是定在南京,一直是明朝内部争论不休的问题。但不管当时的争论有多么激烈,历史已经告诉我们,这个选择的结果是北京胜利。北京非但没有失去都城的身份,在明朝兴盛时期,多个皇帝都对它进行了修缮和扩建。

今日,当我们立足于紫禁城中,已看不到当时午门外的争论画面,目力所及的只是它作为古代宫殿建筑群所展现出的凛然霸气与恢宏气势。

闯王进京

明朝末期,朝政腐败,军事衰弱,王朝初建时的盛世景象早已不复存在。尤其是在明熹宗的无能统治期间,魏忠贤等奸臣宦官当道,致使明朝处于内忧外患、岌岌可危的境地。等到明熹宗去世,继位的崇祯帝虽然有着雄心壮志,但面对境内起义不断、关外清兵威胁的内忧外患的局势,根本力不从心。

在众多起义军中,闯王高迎祥的队伍最为壮大。李自成是这支队伍中的一员大将。在一次明军围剿起义军的行动中,高迎祥、李自成同其他几股起义军势力一起力挫明军,起义军士气顿时高涨。崇祯帝派洪承畴、卢象升、孙传庭等大将围剿高迎祥和李自成。这几位大将都是明朝的猛将。高迎祥、李自成的队伍很快被打得溃不成军,起义军首领高迎祥也被明军抓住并杀死。

高迎祥死后,李自成接替高迎祥成为闯王,继续带领起义军与明军抗衡。但李自成毕竟不如洪承畴等人足智多谋,中了明军的圈套,险些全军覆没,最后只好与17个手下逃出围剿。经过这次大败后,李自成逃到了河南。他凭借"均田免赋"的口号,获得了当地老百姓的拥戴,使自己的队伍又迅速增至几十万人,实力相较之前有过之而无不及。

崇祯十六年(公元1643年),李自成攻占襄阳后,在襄阳建大顺国,自称大顺王。建国不久,李自成又率军向北京进发,计划彻底消灭明朝,统一全国。

而明朝早已大势已去,面对李自成的几十万大军根本无力招架。很快,李自成的起义军就攻到了北京城门口。崇祯十七年(公元1644年)农历三月十八日,曾抱着重振明朝威严的崇祯帝彻底绝望,跑到景山上自缢身亡。

第二日,李自成骑着高头大马,率领起义军自西长安门(位于今人民大会堂北面的长安街上)向承天门(今天安门)进发。李自成因胜利而狂喜,进入午门后,直奔皇宫正殿,冲向自己梦寐以求的龙椅。明王朝就此灭亡。

有趣的是,李自成一路打到北京,逼得崇祯皇帝自缢于景山,但是他却没能坐几天龙椅。占领北京后,他只顾一味地搜刮明朝宫中的金银财宝,沉浸在胜利的喜

悦中不可自拔，对周围的严峻形势视而不见。一个月后，明朝宁远总兵吴三桂向清军求援，引清军入关，准备杀回北京。

得到吴三桂与清军联手的消息后，李自成才猛然醒悟。可惜，他的官兵们的战斗力早已被紫禁城的财宝的诱惑与胜利的喜悦消磨殆尽，根本无力迎接大战。几次交战均告失利。李自成只得下达撤退的指令，打算放弃北京，向西部撤退。虽然形势紧迫，李自成还是打算圆自己的皇帝梦。

同年4月27日，李自成登上武英殿，宣布登基为帝，立自己的妻子高氏为皇后。这次登基仪式极为草率匆忙，当初设想好的登基仪式项目都没有来得及实行，就像一场临时加演的戏剧，除了看到演员的慌张，再无其他。

第二日，这个新上任的皇帝在紫禁城放了一把火，就匆忙带着他的官兵离开了。他们从紫禁城带走了许多东西，留下的，只有各个城门楼和宫殿上通天的火光。

清军入关

清军入关是大清王朝登上历史舞台的序曲。清军入关并未像过去朝代更迭时那样经过多次战役，可以说是基于多种因素基础上坐享渔翁之利。

提到大清王朝，还要从清军入关前开始说起。明万历四十四年（公元1616年），努尔哈赤统一了东北女真诸部，建立后金。后金的来头不小，其前身是金，金的前身是女真族完颜部。北宋靖康二年（公元1127年），女真族完颜部首领阿骨打建立金政权，灭了辽和北宋，之后其又被蒙古和南宋所灭。努尔哈赤建立后金后，一直致力于向中原进攻。

万历四十年（公元1626年），努尔哈赤在久攻不下明朝大将袁崇焕所坚守的宁远城后，率军撤回沈阳。伤痛与失败的怒气折磨着努尔哈赤，他的身体健康每况愈下，最终病逝。努尔哈赤病逝后，其第八皇子皇太极继位。

公元1636年，皇太极称帝，改国号为大清。

其实从努尔哈赤时起，清军就一直梦想入关，一统中国，并为

此一直奋斗。可惜的是，不管是努尔哈赤也好，皇太极也好，都没能完成这一心愿。直到皇太极驾崩，他的弟弟多尔衮拥立5岁的福临（也就是顺治帝）继位，入关这一愿望才得以实现。

说到这里，又要提到闯王李自成了。李自成成功入京后，没有乘胜追击消灭明朝余党，也没有立刻在内部进行修整以稳固政权，而是被紫禁城的奢华迷了眼，完全看不到外面的险恶形势。

当时，明朝虽然已经灭亡，但仍有部分地区没有归顺，坐守山海关的吴三桂就是其中之一。吴三桂握有重兵，本想不再征战直接归顺李自成，谁知就在吴三桂准备投奔李自成的时候，突然得知自己的父亲以及爱妾陈圆圆被李自成的手下刘宗敏掳走了。这让吴三桂气愤不已，非但没有归顺李自成，反而派人与关外的清军联系，打算一同对付李自成。

那时，顺治帝虽已继位，但是因为年龄太小，政权由摄政王多尔衮掌握。多尔衮得知吴三桂要投靠清军，非常高兴，率领清军浩浩荡荡地入了山海关。最后，吴三桂与清军达成协议，吴三桂承诺带领清军入关，清军答应给吴三桂封王。

李自成得知吴三桂勾结清兵后，立刻率领起义军去攻打吴三桂。双方交战于山海关，战事异常激烈。就在双方僵持不下的时候，清军突然加入战事。李自成面对已然增多的敌人根本无法招架，慌忙撤兵回到北京，后又从北京撤退至陕西。

就这样，在吴三桂的带领下，

清军一路轻轻松松地进入北京城，占领了紫禁城。多尔衮按照事前约定封吴三桂为平西王，据守一方。

公元1644年9月19日，多尔衮又将顺治帝从沈阳接至北京。年仅6岁的顺治皇帝由永定门入太清门，向北直入紫禁城。承天门外，金水桥南，百官分成文武两列，顺治皇帝的大驾临近时，跪地俯伏，恭迎圣驾。

顺治二年（公元1645年）十月，顺治帝在北京登基，正式称帝，将北京定为国都。

自此，本是东北地区的一个小国，却成为了统治整个中国的大清帝国。而作为皇权象征的紫禁城，又迎来了新的帝王，新的朝代。

君临天下六十载

在紫禁城的历史上，有一位皇帝，自公元1662年到1722年，君临天下长达六十年，他就是历史上的一代明君——康熙。

康熙8岁时，祖母孝庄太皇太后问其一生何求，康熙答道："无他欲，惟愿天下治安，民生乐业，共享太平之福而已。"孝庄太皇太后听后又惊又喜，惊的是康熙小小年纪就有如此治国之心，喜的是眼前的8岁孩童很有可能成为统领大清朝走向兴盛、稳定的一代明君。

康熙登基时尚且年幼，便由大臣索尼、苏克萨哈、遏必隆、鳌拜辅政。这四位辅政大臣中，鳌拜自恃战功显赫，处处专横，盛气凌人。他在朝中广立党羽，当时的六部尚书几乎全是他的心腹，就连宗室诸王对其都要忌惮几分。表面上看是四位辅政大臣，实际上早已变成鳌拜一人专权，其他三位没有一个可以和鳌拜相抗衡。

渐渐地，鳌拜不仅不把其他三位辅政大臣放在眼里，就连对皇上也不再尊重、敬畏。康熙从小就喜爱读书，崇尚儒学。闲暇时，他常常坐在乾清宫东暖阁中读书。一日，康熙又如往常一样，独自一人安静地在东暖阁中读书，正看得入迷时，鳌拜突然前来觐见。鳌拜大摇大摆地进了东暖阁，发现康熙正在看书，就又向前走了几步，近身看康熙看的什么书。

康熙当时看的是孔子的著作。鳌拜看清后，顿时大怒。鳌拜瞧不起汉人所尊崇的儒学，认为儒学对于统治江山毫无用处，尊崇儒家的明朝灭亡了就是最好的证据。鳌拜语气不善地告诫康熙不要看儒家书籍。

康熙却不这么认为。他觉得，既然现在大清已入主中原，到了汉人的地盘，统治汉人的江山，就应该多了解这片土地上生活的人民所崇尚的思想文化。康熙将自己的想法告诉了鳌拜，谁知鳌拜见小皇帝竟然反驳自己，更加气愤，最后拂袖而去。

康熙看着鳌拜离开的背影，心知鳌拜的怒气是对事又对人。他叹了口气，心中的某种念头渐渐成形。

日出东方，金色的阳光洒在紫禁城黄色的琉璃瓦上，灿烂耀眼。紫禁城不知迎来了多少个日出日落。康熙知道，自己早已不是8岁的年幼孩童，是时候该夺回自己的权力，达成自己一直坚守的信念——天下治安，民生乐业，共享太平之福。

康熙六年（公元1667年）六月，身为辅政大臣之一的索尼去世。鉴于四位大臣辅政体制已不能发挥积极作用，康熙便上奏祖母孝庄太皇太后，请求亲政。孝庄对朝中形势一清二楚，知道是时候该让自己的孙儿有所行动了，便应允了康熙的要求。七月七日，康熙举行亲政大典。从此，14岁的康熙开始躬亲大政。

冰冻三尺非一日之寒，康熙虽然正式亲政，但是辅臣所辖的内三院及议政王大臣会议的体制并未立即改变。鳌拜的党羽已遍布朝中，气焰并没有因少年皇帝的亲政而有所收敛。所剩的三位辅政大臣中，苏克萨哈一向不满鳌拜的专横，决定帮助康熙收回朝政大权。在康熙亲政后不久，苏克萨哈请求隐退。苏克萨哈的做法非常明显，是为其他几位辅政大臣做出表率，迫使他们同自己一起辞职交权。

谁知，苏克萨哈的良苦用心并没有收到应有的效果，反而让愤怒的鳌拜以此为契机，罗织了24条罪状强加于他。康熙有心无力，最终只得看着苏克萨哈被处以绞刑。通过这件事，康熙更加清楚当前形势的严峻，鳌拜的势力已经不是单凭他"皇帝"的身份就可以铲除，若要成功解决鳌拜，必须智取。

康熙虽然年少，却已显现出帝王应具有的沉稳。他没有意气用事，而是选择按兵不动，用一些假象来麻痹鳌拜及其党羽，如对一些上奏表达应清除隐患（暗指清除鳌拜）的奏折不予理睬或严厉斥责。

乾清门内西侧，有一排与上书房对称的房屋，康熙即位初年常在这里读书，称这里为南书房。不知何时起，康熙开始在南书房里玩起了摔跤。他整日与一些身强力壮的少年练习摔跤，甚至到了沉迷的地步。鳌拜将康熙的表现看在眼里，以为少年皇帝顽劣，不知进取，也就放松了对康熙的监视。

实际上，康熙"沉迷"摔跤是有原因的。他以摔跤之名，训练了一批只忠于自己的武士，组成了专属的卫队——善扑营。没多久，康熙又将忠于自己的索尼之子索额图调到自己身边，充当一等侍卫——实际上是率领善扑营执行擒拿鳌拜的任务。

康熙八年（公元1669年）五月，擒拿鳌拜的准备工作都已就绪。一天，康熙以"商议国事"的名义将鳌拜召到他常练摔跤的南书房。鳌拜不疑有他，欣然前往。鳌拜一踏入南书房，就看到康熙一脸严肃，并不像往常一样表现出顺从、恭敬，大为不悦，眉头也皱了起来。

谁知，没等鳌拜表达不满，康熙就先发制人，大声呵斥道："鳌拜，你可知罪！"

鳌拜万万没想到康熙会突然敢质问自己，也没有细想康熙今日哪里来的勇气，盛气凌人地反问道："臣有何罪？"

康熙像知道他会这么问，一连大声宣布了鳌拜七项罪名。鳌拜这才察觉到不对劲，面前的小皇帝平时顽劣的神情早已消失不见，一脸的沉静果断，俨然一派帝王风范。没等鳌拜反应过来，康熙立刻下达命令，一直埋伏在南书房的善扑营的少年们跳了出来，分工合作，将鳌拜制服在地。鳌拜虽然曾是叱咤沙场的猛将，但是此时也不是十几个身强力壮的少年的对手，只能瞪着愤怒的双眼，任善扑营的人将自己按在地上，五花大绑。

鳌拜被擒获后，康熙根据形势，对其党羽进行了不同程度的罪罚。就这样，康熙不费一兵一卒就将鳌拜的党羽势力铲除干净了。

"除鳌拜"，可以说是康熙皇帝辉煌一生中第一次展露出非凡的帝王才能。这之后，康熙的锋芒更加耀眼：平三藩，平定准噶尔叛乱，多次打败沙俄的侵犯，捍卫了国家领土完整。康熙日日在乾清门听政，辛勤地处理国家的大小事情。康熙在位时，大清入关不久，百姓反清情绪高涨，但在康熙的辛勤治理下，国家逐渐平稳发展，百姓安居乐业，为之后的康乾盛世奠定了坚实的基础。

不论是承载着少年康熙远大志向的东暖阁和南书房，还是见证他勤政一生的乾清门，紫禁城中的每一个角落都曾因有过这样一位伟大的皇帝而焕发出无穷的魅力与光辉。

"无冕女皇"那拉氏

慈禧，是清末皇廷掌权者的代表。通过对慈禧的了解，可以清楚地了解清末时期紫禁城内外的风起云涌。

慈禧，叶赫那拉氏，满洲镶蓝旗人，后抬旗入镶黄旗。咸丰二年（公元1852年）入宫，赐号兰贵人。进宫后，慈禧按照宫中规制，住在紫禁城内西列的储秀宫。慈禧并不是一开始就得到了咸丰帝宠幸，一直到咸丰四年（公元1854年），才开始引起咸丰皇帝的注意，逐渐得到宠幸，升为懿嫔。

一时得宠并不能成为支撑慈禧之后独揽朝政的基础，真正奠定她的地位，或是说成为她一生转折点的是载淳的降生。咸丰六年三月二十三日，慈禧为咸丰帝诞下唯一的皇子，取名载淳，也就是之后的同治帝。皇子的降生让咸丰帝喜出望外，第二日就封慈禧为懿妃。这份喜悦一直延续到第二年，咸丰对慈禧的喜爱不减，又封其为懿贵妃，地位仅次于皇后钮祜禄氏。

咸丰在位时的大清帝国早已褪去了"康乾盛世"的荣光，处于国内农民起义不断、国外列强骚扰不止的困境中。可惜的是，咸丰虽然是皇帝，却不如康熙、雍正等自己的老祖宗一般有帝王之才，再加上他身体虚弱，面对大清帝国所面临的危机是无心又无力，得过且过地经营着岌岌可危的帝国。

咸丰的无能，为慈禧找到了显露自己政治才能的机会。咸丰帝见慈禧"书法端腴"，便常命其代笔批答奏章，时时批阅各省奏章。久而久之，慈禧政治方面的天赋完全被发掘出来，为之后她垂帘听政、独揽朝中大权奠定了基础。

公元1861年，咸丰帝病逝，6岁的载淳继位，慈禧与皇后钮祜禄氏被尊为皇太后。慈禧因居于西宫，故又称西太后。

为了巩固地位，排除异己，慈禧与恭亲王奕䜣联手发动辛酉政变，将载垣、端华、肃顺等敌对势力的核心人物处死。异己消除后，慈禧以同治帝尚幼为名，与钮祜禄氏慈安太后共同垂帘听政。虽说是共同听政，但慈安太后与世无争，并不掌权，掌权的只有慈禧一人。

慈禧在政治方面有一定建树。她任命奕䜣为议政王、军机大臣，总理各国事务衙门。依靠曾国藩、李鸿章等汉族官员，勾结外国侵略势力，先后镇压了太平天国运动、捻军起义、苗族起义和回民起义。

一些人认为慈禧思想顽固、迂腐、不愿意接受新鲜事物，是封建老古董的代表。其实这种认识太过片面。慈禧在与太平天国的斗争中认识到清政府的贫弱，也领教了西方科学技术的先进和军事的强大。为了改善大清现状，她采用以李鸿章为代表的洋务派"自强"和"求富"的方针，开办新式工业，训练海军和陆军以加强军事力量。不过，慈禧虽然支持洋务派的运动，但同时又担心洋务派的新思想会对她的集权统治产生威胁，所以她也会对顽固派加以提携，以此制约洋务派。

慈禧的所作所为是基于大清皇室利益之上，因她要守护的只是大清的封建统治，这也就使她永远不可能真正将中国带向富强之路。

同治十三年（公元1875年），同治帝病逝，慈禧立4岁的载湉为帝，即为光绪帝。慈禧选择光绪继位的原因很简单，光绪年幼，朝政依旧可以掌握在她的手里。果不其然，慈禧再次以皇帝年幼为由，实行垂帘听政，操纵着内政和外政大权。

年年岁岁，岁岁年年，在时光的洗礼下，紫禁城的红墙黄瓦依旧，但城外却早已变了一个天，就连皇城根下的老百姓也开始愁眉苦脸。他们进不去那神圣森严的紫禁城，只能在城墙外，对着那朱红色的墙，一边感叹时势的不安稳，一边小声抱怨朝廷的腐败无能。

甲午战争的失败，进一步加深了中国半殖民地化程度。光绪二十四年（公元1898年），已经长大成人的光绪帝为了振兴国家，在以康有为、梁启超为代表的维新派的帮助下，

实行了戊戌变法。

戊戌变法推行得并不顺利，处处受到顽固派的阻挠，并没有收到实质性的成果。光绪帝虽然表面已经亲政，但朝中的大权依旧掌握在慈禧手中。慈禧认为戊戌变法严重威胁到她的集权统治，决定对光绪帝以及维新派进行制裁。

同年九月二十一日，慈禧伙同顽固派发动政变，幽禁光绪帝，废除全部维新措施，捕杀维新派志士。之后，慈禧宣布重新训政，光绪帝至此成了名副其实的傀儡皇帝。

不久，义和团运动兴起，国外列强也对中国进行侵扰。慈禧本想假借义和团解决外国列强，但谁知她坐在紫禁城中等来的却是八国联军就要攻入北京城的消息。虽心有不甘，但慈禧也只得一边带着傀儡皇帝光绪逃往西安，一边派出李鸿章等人向列强求和。

公元1901年9月，清政府被迫同英、美、俄、日、法等国，签订了丧权辱国的《辛丑条约》。至此，中国完全沦为半殖民地半封建社会。

对列强的妥协，使清政府获得了片刻的安宁。慈禧再次回到了她的紫禁城。她站立于紫禁城中，明明应该听不到城外面的声音，却仿佛听到了从外面传来的一阵又一阵的呼喊声。那呼喊声一浪高过一浪，久久地回荡在紫禁城的上空。

1908年11月14日，光绪帝驾崩。慈禧立年仅3岁的溥仪为帝，年号宣统。15日，清王朝的"无冕女皇"慈禧终于结束了她47年的统治，溘然长逝。

日落紫禁城

慈禧去世后，给3岁的溥仪留下的是什么？是一个破败不堪、摇摇欲坠的国家。3岁的溥仪坐在对他来说过于巨大的龙椅上，他

的父亲载沣作为摄政王站在他的身边，他的母后不停地安抚着他。溥仪茫然又害怕地看着跪在大殿上的群臣，他不清楚面前是什么，只想赶快跳下龙椅去找人一起玩耍。

相较于拼尽全力维持封建统治的清王朝，紫禁城外面的一些人则显得更加充满生机，斗志昂扬。这些人叫作革命者。从1840年鸦片战争爆发，到中日甲午战争，清廷的腐败无能一次次激怒着华夏大地上的每一个爱国之人。以孙中山为代表的有志青年纷纷建立起革命团体，准备推翻清王朝的专制统治，建立一个民主共和的新国家。

这些革命团体不断在全国各地发动起义。1911年的广州起义与四川的保路运动，极大地鼓舞了全国人民的革命热情。清王朝虽然不断地对革命团体进行镇压，但革命的火种早已撒遍祖国大地，扑灭一簇，又会燃起一簇新的火焰。

1911年10月10日，武昌起义爆发。数万名革命者浴血奋战，最终取得胜利。武昌起义的胜利彻底在中华大地上燃起了一片革命的火焰，许多地方都宣布独立，脱离清王朝的统治。

为了挽救局势，清王朝不得不将"解甲归田"的袁世凯调回京城，赋予其军事大权，让他率领大军前去南方镇压革命党。

11月1日，隆裕太后批准了奕劻等人的辞呈，诏命袁世凯为内阁总理大臣。隆裕太后此时已经没有心思再担心大清江山，只想尽可能保住紫禁城中一家人的性命。

12月25日，孙中山从日本回到中国。在全国人民的热烈欢迎下，孙中山于1912年1月1日在南京宣誓就任为临时大总统，并宣告中华民国临时政府成立。

武昌起义的爆发与中华民国临时政府的成立，让紫禁城中的清王朝统治者们惊慌不已。袁世凯本就不是满人，对清王朝的忠诚几乎全依赖于对权利的追求。当他率领大军南下，发现革命形势已经一片大好，并不是轻易可撼动时，便有了倒戈的想法。

与此同时，居于南方的孙中山也清楚袁世凯的心思。孙中山虽有着绝对的威信，但手下并没有可以发动大战的军队，要想顺利推翻清王朝，也只能寄希望于掌握兵权的袁世凯，继而通过与袁世凯联手逼迫溥仪退位，彻底结束清王朝的统治，让国家走向共和。

袁世凯手握军权，一方面恫吓清廷，逼迫溥仪退位；另一方面要挟革命党，想要从中盗取革命果实。袁世凯派出代表，向孙中山表达他的意思：若要清帝退位，必须由我担任民国大总统。

对于袁世凯的趁火打劫，孙中山虽然万分不甘，但为了让全中国人民尽快摆脱清朝封建统治的桎梏，只得同意了袁世凯的要求。

袁世凯见孙中山做出了让步，立刻开始集中精力对付清廷。他草拟了优待皇帝、皇族的条件，大致内容是：皇帝尊号不废，待以国君之礼，每年供其新币400万元，可暂住紫禁城内，以后迁居颐和园，宗庙陵寝及其私产，派兵保护；皇族世爵依旧，私产保护，免予当兵，享有一般公民权；满族、蒙古族、回族、藏族王公的世爵与宗教信仰依旧，满族、蒙古族、回族、藏族各族与汉族平等。

隆裕太后接受了优待条件，同意清帝退位。

宣统三年（1912年）十二月，隆裕太后代表宣统皇帝正式公布"逊位"诏书。

以孙中山为首的革命党人和全国人民经过长期的斗争，终于推翻了统治中国267年的清王朝，结束了中国几千年来的封建君主专制制度。但是，代表大地主阶级、买办阶级和帝国主义在中国统治利益的袁世凯篡夺了革命果实。帝国主义和封建主义依旧继续对中国人民进行压迫与剥削，迫使人民必须投入新的斗争。

六百年风雨沉浮，紫禁城的红墙黄瓦不曾破败。夕阳西照，紫禁城中染上了几分淡淡的暖色。年幼的溥仪依旧在紫禁城中当着"城中皇帝"，并不清楚外面的世界究竟变成什么样子，还是和往常一样，由宫女太监们服侍起居，陪伴玩耍。他围着红色的城墙开心地跑来跑去的时候，只觉得这红色的城墙依旧是那么高大，却不知这已成为他与世界的界限。多年后，溥仪被迫走出这紫禁城的大门时，才明白紫禁城中的生活仿若黄粱一梦。梦醒了，他就将告别这一切，走入真正的世界。

1925年10月10日，已经脱去皇家重地外衣的紫禁城更名为故宫博物院，并开始对外开放，供游客参观游览。

日落西沉，巍巍紫禁城的大门开了，又关了。住在里面的皇帝不见了，当年的繁华也不见了，但紫禁城依旧安静、沉默地伫立在那里，注视着历史长河的流淌，感受着时代的变迁。

第二章 紫禁城的格局之美

红墙黄瓦，苍松翠柏，紫禁城壮观如昔。从午门进入紫禁城，雄伟的太和门令人叹为观止。穿过太和门，便是外朝"三大殿"——太和殿、中和殿和保和殿。再穿过乾清门，便是内廷……

时光荏苒，紫禁城虽不再是皇城，但承载着近六百年流金岁月的一草一木、一砖一瓦，仍待在那里，等待着人们驻足，探知。

紫禁城的由来

中华漫漫五千年历史，其中不乏称霸一方的帝王。不管是统一六国的"千古一帝"秦始皇，还是一手打造了"大唐盛世"的唐太宗李世民，都曾建造过属于自己的皇宫。但是随着时代的更迭，曾经雄伟的秦王朝宫殿只能从史书中领略其风采，长安城的殿宇楼台也成了历史中衰婉的传说。只有紫禁城，在历史的洪流中承受住了时代更迭的洗礼，熬过了硝烟弥漫的乱世，巍然屹立于北京城的中心，无声地向人们讲述着过去的辉煌。

紫禁城，现称故宫，意为过去的皇宫，是中国古代遗存至今的唯一一座完整的皇宫，同时也是当今世界上现存的规模最大、建筑最宏伟、保存最完整的古代宫殿和木质结构的古建筑群。

先说说紫禁城名字的由来。中国古代天文学家曾把天上的恒星分为三垣、二十八星宿和其他星座。三垣包括太微垣、紫微垣和天市垣。紫微垣在三垣中央。中国古代天文学说根据对太空天体的长期观察，认为紫微星垣居于中天，位置永恒不变，因此也就成了代表天帝的星座，是天帝所居。天帝所居的天宫也称紫宫，有"紫微正中"之说。古代讲究"天人合一"，皇帝常称自己为"真龙天子"，所以真龙天子所居之地也必是在"紫微正中"。再加之古代官员称皇宫为禁中，意思是皇家之地，寻常人不得随便出入。两项意思相

结合，也就成了"紫禁"一词，紫禁城的名字由此而来。

再说紫禁城的大小。紫禁城南北长约960米，东西宽约760米，占地面积达72万平方米，建筑面积17万平方米。有宫殿980座，8700多间。四面环有高10米的城墙和宽52米的护城河。紫禁城建筑布局呈方形，城墙四围各设有一门，分别为正门"午门"、后门"神武门"以及遥遥相对的"东华门"和"西华门"。自紫禁城1925年10月10日正式被改为故宫博物院起，南面的午门和北面的神武门专供参观者游览出入。

参观过紫禁城的朋友都会感叹其面积之大，感觉如若真要将紫禁城完全游览一遍，真是件极考验脚力的事。其实，在中国历代皇宫建造史上，紫禁城的面积算小的。仅就紫禁城中最大的宫殿"太和殿"而言，在历史上也算不上宏大。拿秦朝的宫殿来说，秦朝皇宫最大的宫殿面宽200多米，进深100多米。而作为紫禁城最大宫殿的"太和殿"，面宽为60米，进深只有33米左右，就连唐朝的

麟德殿也是它的三倍大小。

紫禁城的面积不仅比秦朝、汉朝、唐朝的皇宫小，甚至略小于明太祖朱元璋在南京建造的皇宫。但紫禁城的魅力并不受面积大小的局限，而体现在建筑工艺与布局的精妙。紫禁城外表之精美，布局之巧妙，可以说居历代皇宫之首。

紫禁城宫殿建筑沿中轴线向东西两侧展开，红墙黄瓦，雕梁画栋，金碧辉煌。一座座楼台，一座座宫殿，高低错落，雄伟壮观。它集古代建筑工艺的最高成就于一身，格局严整、紧凑，规制也最为合乎皇宫建造理念。其中的一草一木，一砖一瓦，都彰显着其傲居于世界建筑水平之巅。

紫禁城曾经是供皇室居住、工作的地方，而现在的紫禁城则成为了一座供百姓参观、游览的地方。虽然它失去了森严的卫兵把守，却被赋予了另一种魅力，吸引着世界各地的人们来到这里，一睹其风采。

036 紫禁城的故事

紫禁城宛如一本立体的历史长书，人们由午门进入，缓缓迈开脚步，犹如轻轻翻开这本历史长书的书页，书中所承载的历史记忆便这样一幕幕清晰地展现在眼前。

紫禁城的建筑布局

中国古代建筑不仅追求外观的雄伟壮丽，还蕴含着丰富的象征意义。紫禁城的宫殿建筑代表与象征着皇帝意趣，是皇权建筑语言最集中的体现。

先说紫禁城的位置。紫禁城位于北京城的正中心，整个北京城的规划都以它为中心。这并不是为了城市规划美观，而是为了突出皇权。皇帝贵为天子，应以天子所居之处为中心。从紫禁城三台（呈三层阶梯形式，太和殿建于其上）的结构上来看，处处彰显着类似的意思。例如，三台有些像"主"字，有些像"土"字，但不管是

哪个字，都可以找到其所蕴含的寓意："主"字指帝王拥有四海，为万民之主；"土"字则寓意"普天之下，莫非王土"。另外，因三台高出地面许多，也有着上接天穹、下连沃壤之意。

坐落在三台之上的太和殿，面阔11间，进深5间，用72根巨大的柱子承托起古建筑中等级最高的重檐黄琉璃筒瓪殿顶。此种建筑形式，不仅展现了中国古代高超的建筑水平，同时也体现出皇权至上、帝王无上尊贵的建筑主题。

除此之外，外朝的中和、保和、文华、武英与内廷的乾清、坤宁、日精、月华等宫殿，主旨都在于宣扬君命天授，建筑物本身象征天地人之间的融合。

说到居于中心的紫禁城，那就不得不提中轴线。如同北京城是以紫禁城为中心规划的，紫禁城的建筑格局又是以中轴线为核心次第排列的。下面以明朝紫禁城最开始的形制进行介绍。

南起大明门（清朝改称为大清门，清覆灭后更名为"中华门"，后因年久失修而坍塌，现位于人民英雄纪念碑附近），北至景山，这条全长2500米的中轴线，大致可以分为4个区段：第一区段是由大明门至午门，全长1250米，由大明门、千步廊、承天门、端门、午门组成"T"字形平面；第二区段主体建筑包括奉天门、文楼、武楼、奉天殿（清朝改称太和殿）、华盖殿（清朝改称中和殿）、谨身殿（清朝改称保和殿）等，即外朝部分；第三区段主要包括乾清宫、坤宁宫、东西六宫及宫后苑（清代改称御花园），为后妃的内廷生活区；第四区段为景山。

四个区段的建筑布局都极为讲究。从大明门起始，巧妙的建筑布局让人产生一种鲜明的节奏感。第一区段的布局采取了"抑—扬—抑"的手法，从千步廊到承天门是"由抑到扬"的过程，从端门到午门则为"由扬到抑"的过程。由南向北前进，四座城门渐次排列，间隔越来越短，城台越来越高，当走到带有双翼的重檐五凤楼时，仿若迎来了一首乐曲的第一个高潮。接着，乐曲高潮部分带来的兴奋感还未消失时，渐渐走到午门。

午门的"抑"，只是为了更好地凸显奉天殿的威严。象征着皇权至尊无上的奉天殿是整首乐曲的最高潮，其正面9间，进深5间，被3万余平方米的宽阔广场和层层罗列的台基石栏包围，肃穆庄严，将皇室的威严彰显得淋漓尽致。

第二区段后方的华盖殿与谨身殿只能作为奉天殿的陪衬。同样

的，第三区段和第四区段也是乐曲高潮迭起后的余韵，为这首华美的乐曲画上完美的休止符。

这里，要特别提一下第四区段的景山。从严格意义上讲，景山并不属于紫禁城范围，但对于紫禁城整体布局来说，却极为重要。紫禁城的中轴线分布基本上是以门、广场、殿堂高低疏密组合为主。为了避免建筑主体过大，夺取外朝空间气势，使整个紫禁城的建筑得以最完满地收尾，景山也就为此应运而生。

除此之外，当时景山还有镇压元朝风水的作用。明成祖建紫禁城时，依据"苍龙、白虎、朱雀、玄武，天之四灵，以正四方"之说，紫禁城之北为玄武之位，当有山。故而在神武门后建景山。

风水，是中国建筑史上不可不提的重要一点。中国古代尊崇阴阳五行。阴阳互为对立统一，阴阳者，天地之道，万物之纲。阳为干，为奇，为上；阴为坤，为偶，为下。五行是指以木、火、土、金、

水为构成世界的五大元素，与之相对应的方向为东、南、中、西、北，颜色为青、赤、黄、白、黑。木居东，为青；火居南，为赤；土居中，为黄；金居西，为白；水居北，为黑。五行相生相克。

紫禁城建筑中许多细节都可看出对阴阳五行的遵循。紫禁城分外朝与内廷两部分。两部分的建筑从数量到名字的命名都严格遵循着阴阳五行学说。外朝在前，为阳，其数为奇，纵向的奉天（太和）、华盖（中和）、谨身（保和）为三，横向的文华、奉天、武英为三。大殿的主基用三重须弥座叠砌，称为三台。前朝门卫五重。午门又称为五凤楼。同样的，内廷为阴，各种数量名字就均为偶数，例如在中轴线上分列乾清、坤宁二宫，东西又各有六宫相配，就连台基的数目都不同于前朝，均为偶数。

除此之外，根据五行相生相克之说，中央为土，紫禁城中轴线正殿全部为黄色琉璃瓦覆盖，并将墙壁、油饰作为赤色，以应火生土之说。另外，根据一些相克原理，许多建筑也会特别注意，例如藏书楼这种忌讳火的地方，就会通过各种方式来构成水属性，以此来克火。

除了讲究阴阳五行，紫禁城的建筑布局还讲究左右对称。其实，有了中轴线，某种意义上也就意味着左右对称。具体来说，午门两翼是一座门楼间左右位置上对称的宫阙，相对中轴线的间距较小，为近对称。文华、武英则为两座遥相呼应的建筑实体，间距较大，为远对称。文楼与武楼对称，介于二者之间，为适中对称。在讲究对称的同时，建筑的大小也会有相应的变化。例如近对称的建筑一般较小，这使得紫禁城整体布局没有千篇一律的呆板之感，给人以错落有致，规律中有变化的视觉美感。

不论是中轴线还是对称布局，都造就了紫禁城四四方方的总体格局，就算将紫禁城分解来看，会发现它的内部也是由四方的院落组成。这种院落是紫禁城宫殿最基本的组成单位。其形成是受到元代时出现的四合院的影响。元朝的首都也是北京。当时北京城的规划是四四方方，以8亩地建筑一份宅室，既不许超出，也不许缩小。北京城也就形成了街巷平直、四合院整齐划一的基本格局。

紫禁城中的院落虽受元代四合院的影响很深，但也不是完全相同，毕竟紫禁城是皇城，和普通民居还是有区别的。首先，民居四合院东西南北皆有房，大门多开于侧面，有影壁遮挡。而紫禁城院落只在北、东、西三方建有殿宇，南部一般设为大门。其次，民居四合院房屋相对较矮小，中心的空地面积也小，常给人以压抑之感。而紫禁城院落中一般都有面积较大的广场，四合虽围，却不封闭压抑。另外，紫禁城院落的大小也有区别，一般外朝的院落要明显大于内廷的院落。

紫禁城的整体布局严谨，秩序井然，寸砖片瓦皆遵循着封建等级礼制，反映出帝王至高无上的权威。如今，紫禁城中已无皇帝，皇权也成了建筑艺术中的象征意义。通过对紫禁城的深入了解，人们无法再体会到封建皇权给予人的桎梏，只会领略到古人精湛的建筑水平以及丰富的文化气息。

太和门

太和门建于永乐十八年（公元1420年），是外朝三大殿（太和殿、中和殿、保和殿）的正南门。明代时，太和门叫作奉天门，到了明嘉靖年间改称为"皇极门"，一直到大清皇室入住紫禁城后才改为"太和门"。

中国的宫殿不同于西方以伸向空中的高度来表达其雄伟，而是以占据地面的阔度兼有相当的高度来体现其气魄。作为三大殿的正门，太和门在建筑形式上与其他门相比，要雄伟、壮阔许多。

太和门面阔9间，进深4间，建筑面积1371平方米，通高23.8米，坐落于高3米多、有28级台阶的汉白玉石须弥座上，是中国现存古建筑中最高、最大的门。太和门共有三扇大门，分别开在后檐的金柱部位，使之在门前的前部形成了一座宽敞的门厅；它用纵横成列的50根直径近一米的朱漆大柱承托屋顶，同时门前方还有一对打造得雄壮威武的铜狮，左雌右雄，是紫禁城6对铜狮中最大的一对。远远望去，整个太和门威严无比。

太和门的屋顶形式也不同于其他各门，其屋顶形式是重檐歇山式，等级仅次于太和殿的重檐庑殿顶。屋顶上层的正脊两端向下设4条垂脊，垂脊末端又连接有4条呈斜向的戗脊，加起来共有9条脊，因而太和门也被人称为"九脊宫门"。

屋顶的瓦片选用的是黄色琉璃瓦，并装饰有很多的铜质鎏金饰件。例如正脊两端的大吻上，前后均用鎏金吻锁，瓦面上设有三排鎏金瓦钉。阳光一照，太和门的整个屋顶金光闪闪，好不气派。

太和门前还有宽广的广场。太和门广场面积为2万6千平方米，

中央御道由巨石铺成，御道两旁铺设的地砖，横竖达7层。被称为内金水河的人工水系，蜿蜒流经太和门广场。金水河上还设有5座汉白玉拱桥。

太和门广场的东庑有一列基座很高的排房。这一列房屋是清代稽查钦奉上谕处和诰敕房，在这里办公的都是朝廷高级机要人员。与东庑对称的西庑也有一列房屋，是缮书房和起居注值房。缮书房是掌管满汉文对译的机构，而起居注值房主要负责记录皇帝每日有关政务的言行，其工作人员要轮流值班，参加并见证皇帝每天的政务活动。

皇帝日常处理政务的最基本形式，就是上朝听政。从明朝开始，明成化年间曾有人这样记述道："残月朦胧欲五更，禁门候立万灯明。"这句话形容的就是"御门听政"。明代初期的几位皇帝除节庆和丧日以外，每天都要上朝听政。

御座被称为金台，是一个有阶梯的台座，上面放置龙椅。皇帝登上金台，皇帝的两名亲信宦官，一人站立在金台上面，手执黄盖；

一人站立在皇帝的座位后面，手执形状如同收紧的扇状的黄罗袱，里面是一把三棱刀，用铁线圈裹着，一旦有紧急情况发生，可以捋掉铁线圈。

皇帝在金台上坐定后，一名内使（宦官）会捧着一鼎镂刻着山河图案的香炉走到皇帝面前，恭敬、小心地放到御座前面的黄案上，奏报皇帝道："安定了。"这时，听政才正式开始。

每日临朝是明太祖朱元璋定下的规制，但真正严格执行的也只有初期的几位皇帝，等到了明朝中期时，已经流为一种形式。到了后期甚至连形式都没了，明末的几位昏君经常因为贪图享乐常年不上朝，有的竟连续长达24年不上朝听政。清朝时虽也有早朝，但因皇帝曾在太和门受朝、赐宴等，"御门听政"也就移到了乾清门举行。

此外，明王朝一系列重要的仪式，如登基大典、大朝会、册封皇后、册立太子等政事活动也常在太和门举行。所以，当公元1644年清军入关时，曾在关外即位的顺治皇帝福临进入紫禁城后，特意在太和门再次举行登基仪式，成为问鼎中原的大清王朝的第一位皇帝。

太和门建成后，曾先后三次被火焚毁。最后一次是在清光绪十四年（公元1888年）十二月十五日夜里，一场大火将太和门烧得面目全非。当时，德宗载湉正在筹备婚礼，按规矩，大婚当日皇后要从太和门经过，而此时距离大婚之日只剩下41天，原样重修已经来不及，只得找来富有经验的扎材匠人临时在火场搭起一座彩棚应急。好在扎材匠人手艺极为高超，短短几十日就临时搭建起一座从外观看与之前几乎无差别的彩棚。据《清宫述闻》记载：彩棚"高卑广狭无少差至，至榱桷之花纹，鸱吻之雕镂，瓦沟只广狭，无不克肖。虽久执事内庭者，不能辨其真伪。而且高逾十丈，凛冽之风不少动摇"。

大婚之日过后，才开始对太和门进行重新修复。当时正值清末，清廷财政亏空，国力大不如前，再加上经办官员为了提前完工，以便邀功佞幸，在用材上、结构组合上偷工减料，致使新建的太和门虽然格局如前，但质量却大不如前了。现存的太和门就是当时所重建的。

乾清门

越过保和殿，就可以看到乾清门。保和殿与乾清门仅隔着一条横街，这条横街是划分外朝与内廷的分界线，而乾清门便是内廷的正宫门。内廷是皇帝及后妃宫眷的居住区，又称为"后宫"或"禁地"。

乾清门的规格低于太和门，面阔5间，进深3间，高约16米，屋顶形式是单檐歇山，坐落在高1.5米的汉白玉石须弥座上，周围环以雕石栏杆。门前三出石阶，中为御路石，一对铜制鎏金狮子列置于左右。中间开有三门，门扉安设在后檐部位，门厅敞亮。两梢间为青砖槛墙，方格窗。檐下置有单昂三踩斗拱，上绘金龙和玺彩画。门两侧为高8米、长9.7米的八字形琉璃影壁，壁心及岔角以琉璃花装饰，花形自然逼真，色彩绚美艳丽，在阳光的照射下流光溢彩，将乾清门映衬得华贵富丽。

乾清门东侧有一廊房，名为上书房，是皇子皇孙及近支王公子弟读书的地方。西边的廊房叫作南书房，是皇帝的文学侍从值班的地方。当年，康熙皇帝少年时就是在这里擒获的鳌拜。

因与前朝相连，所以乾清门是内廷与外朝往来的重要通道。乾清门东边是内左门及九卿值房，西边是内右门及军机处，门前广场东西两端为景运门和隆宗门。而乾清门的正后方，就是它所主要守护的乾清宫。乾清门门内有一道白石栏杆的高台通道，直达乾清宫。

因乾清宫踞守如此重要的位置，奏章的上传和下递、物品的呈送和交付，都要在乾清门中转。乾清门的规矩也极为森严，因后方是后宫禁地，除皇帝召见，是不允许皇帝以外的男性出入和居留的，甚至冠礼之后的太子、皇子也是同样。例如每年立春，顺天府进献给皇帝、皇后的春牛、春山、春座，都要由顺天府的秀才从午门抬到乾清门，交接给宦官，再由宦官接过来抬进内廷，供皇帝观览的抬进乾清宫，供皇后观览的抬进交泰殿。

太和门是明朝皇帝"御门听政"的地方，而乾清门则是清朝皇帝"御门听政"的地方。

清朝皇帝"御门听政"是从顺治皇帝开始的。顺治皇帝亲政后，每5天听政1次。康熙皇帝14岁亲政，16岁以后，将听政改为每天一次，除节、丧、祀以及巡游之外，每天天还未亮就在乾清门前听政，从未因故荒废过一天。

康熙皇帝年轻时最早的听政时间是早上辰时（早7点）以前，等到辰时一到，

早朝就基本已经结束了。后来时间向后移，春夏是辰初初刻（早7点整）开始，秋冬是辰正初刻（早8点整）开始。等到雍正以后，清朝皇帝的早朝时间又有变化：春夏两季，于辰初三刻（约为早7点45分）开始早朝；秋冬两季，于辰正三刻（约为早8点45分）早朝。

康熙每日的"御门听政"被之后的历代皇帝所效仿，但由于雍正以后军机大臣到御前领旨，成为皇帝日常处理政务的主要方式，皇帝驾临乾清门上朝听政则改为间隔数日或每月举行一次。自同治元年慈禧太后垂帘听政，至清朝灭亡，御门听政没有再进行过一次。

这里详细介绍一下清朝的早朝。早上，皇帝准时驾临乾清门，升座。起居注官从西阶进殿，身体面向东站在离御座一丈远的西侧。翰林和科道言官在西阶下站立，部院奏事官则从东阶进殿，面向西跪地。接着，尚书双手捧着奏折，恭敬地将奏疏放置在黄案上，放好后再回到行列中跪下奏事。

六部官员奏事的先后次序采用轮流制，以康熙在位时的流程为例：初一由吏部领先禀奏，初二由户部领先禀奏，到了初三则改由礼部领先禀奏；如果当日宗人府有事要奏，则安排在所有官员之前。不过，后来由于吏部尚书奏事之后，要引领新上任的或改任的官员面见皇帝，需要的时间较长，所以吏部的奏事被改在了最后。

六部奏完之后，翰林、科道（负责纠劾百官）也退下。内阁大学士向皇帝请旨，在与辅臣们进行一番问答和讨论后，皇帝对政事做出裁决，口述旨意。大学士等领受上谕。至此，这一天的早朝也就要结束了。

退朝时也是有规矩的。一般辅臣先退下，起居注官也退出乾清门，然后皇帝离座，从乾清门的后门回到内廷。这时，先已退出乾清门的大臣们才退出宫，到各自所在的衙门继续理事。

乾清门虽不及外朝太和门威武雄壮，但作为清廷处理政务的主

要见证者，见证了康熙皇帝勤勉的一生，也见证了清王朝从兴盛到衰落的整个过程，成为了紫禁城画卷中不可缺少的重要之地。

内廷"后三宫"

外朝有"三大殿"，内廷有"后三宫"。后三宫包括乾清宫、交泰殿和坤宁宫。"后三宫"位于前朝"三大殿"后中轴线上，是内廷的中心建筑。"后三宫"与"三大殿"结构相似，形制略小。

"后三宫"以门庑相围，平面呈矩形，南北长约220米，东西宽约120米，占地面积26000平方米，房屋420余间。前为内廷宫门乾清门，门内高2米的台基上南北依次排列乾清宫、交泰殿和坤宁宫，后庑正中为通往御花园的坤宁门。乾清门内东侧折而转北至坤宁门东为东庑，有门5座，南北依次为日精门、龙光门、景和门、永祥门和基化门；乾清门内西侧折而转北至坤宁门西为西庑，亦有门5座，依次为月华门、凤彩门、隆福门、增瑞门和端则门。

"后三宫"虽远不及外朝"三大殿"雄伟、壮阔，但作为以居住、生活为主的宫殿，也透露出令人凝神静气的安逸与庄重之感。

乾清宫

乾清宫是内廷正宫，也是"后三宫"之首，始建于明代永乐十八年（公元1420年），明清两代曾因数次被焚毁而重建，现有建筑为清代嘉庆三年（公元1798年）所建。乾清宫的外形与太和殿相比要略逊一筹。其面阔9间，进深5间，高20米，占地面积为1400平方米，屋顶形式为黄琉璃瓦重檐庑殿顶，建筑在一层汉白玉台基上，台基上的甬道连接着乾清门和乾清宫。

乾清宫前的露台上陈列着铜龟、铜鹤、日晷、嘉量和铜鼎，这些物件与太和殿台基上所安置的物件类似，但等级要略逊一级。在

丹墀（宫殿前的红色台阶及台阶上的空地）下面有两座文石台，分别位于殿阶的东侧和西侧。汉白玉雕镂的台座上，各安放着顺治年间增设的一个镀金的微型宫殿，左边的叫作社稷金殿，右边的叫作江山金殿。这两个微型金殿里面用香炉供奉，由专门的太监负责打理。

乾清宫宫内正中有宝座，两头有暖阁，分别为东暖阁与西暖阁。东、西暖阁藏有清代历朝实录、圣训和玉牒。每年四月，皇帝会差遣三品以上的满汉文官各两人，与太监一起为实录拂尘、抖凉。皇帝每天清晨都要在此恭读前朝实录一卷，不过后来改为到养心殿恭读。

正中宝座的上方是大家最为熟悉的"正大光明"匾额。其实明代崇祯以前，乾清宫殿堂内是没有牌匾的，直到崇祯帝即位，才命人悬挂起一块上书有"敬天法祖"四字的匾额，出自司礼监掌印太监高时明手笔。而清朝时悬挂的"正大光明"牌匾由顺治帝所书。康熙帝曾由衷赞誉道："皇考始祖章皇帝御笔'正大光明'四字，结构苍秀，超越古今。仰见圣神文武精一执中，发于挥毫之间，光昭日月，成足媲美心传。"

殿内宝座两旁柱子上的楹联出自顺治皇帝的儿子康熙皇帝。前面一对柱子上写着："表正万邦，慎厥身，修思永；弘敷五典，无轻民，事惟难。"后面一对柱子上写的是："克宽克仁，皇建其有极；惟精惟一，道积于厥躬。"

宝座后面还有5扇屏风，每扇屏风上面都镌刻着康熙皇帝从经书中挑选出来的格言。例如正中的一扇上写的是："惟天聪明，惟圣时宪，惟臣钦若，惟民从义"；稍左的一扇上写着："首出庶物，万国咸宁"；最左是："功崇惟志，业广惟勤"；中间稍右是："恺悌君子，四方为则"；最右是："知人则智，安民则惠"。

乾清宫最初是皇帝的正寝。皇帝在乾清宫的寝居处主要是东暖阁和西暖阁，偶尔也会住在乾清宫的配殿"昭仁殿""弘德殿"里。

昭仁殿与弘德殿这两个配殿分别位于乾清宫的东、西两侧，被单独的围墙紧紧围着，只在南面的围墙上分别开设一道小门。在乾清宫东、西两侧的墙壁上分别设有通向这两座小殿的小门，皇帝要进入配殿不需要走出乾清宫，从这两座小门进入即可。

作为明代皇帝的寝宫，自永乐皇帝朱棣至崇祯皇帝朱由检，共有14位皇帝曾在此居住。清朝的顺治、康熙两位皇帝，也都以乾清宫为寝宫。不过，清代与明代略有不同。明代皇帝除非病重不能上朝或临终嘱托国事，平时是不在乾清宫接见大臣的。而清代皇帝却不讲究这些，几乎每天都要在乾清宫接见大臣。清朝皇帝在乾清宫召见大臣，是介于乾清门上朝和养心殿接见大臣之间的一种政务活动。在乾清宫觐见皇帝的大臣一般都是参与议政的朝廷重臣，如军机大臣、内阁大学士、六部尚书、御前大臣、内务府大臣。

交泰殿

交泰殿的前面是乾清宫，后面是坤宁宫，名字中的"交泰"二字表的是乾坤交泰之意。交泰殿是"后三宫"中最小的一个，平面为方形，面阔、进深各3间，形制与前三殿的中和殿相近，为黄琉璃瓦四角攒尖、鎏金宝顶。

交泰殿的檐画上满是青绿相间的龙飞凤舞的图案，殿门的裙板上也雕刻着龙凤图案。紫禁城从太和门到乾清宫，宫殿的装饰图案一直都是龙，直到交泰殿才开始出现凤的装饰图案。

交泰殿殿内正中设有宝座，宝座正上方悬挂着由康熙皇帝御笔亲书的"无为"二字的牌匾。宝座旁边的两根柱子上有一对楹联，楹联由乾隆皇帝所题，内容为："恒久咸和，迓天休而滋至；关雎麟趾，立王化之始基。"宝座后面是四扇屏风，上有乾隆御笔书写的"交泰殿铭"。

殿顶内正中为八藻井。单檐四角攒尖顶，铜镀金宝顶，黄琉璃瓦，双昂五踩斗拱，梁枋饰龙凤和玺彩画。四面明间开门，三交六椀菱花，龙凤裙板隔扇门各4扇，南面次间为槛窗，其余三面次间均为墙。殿内顶部为盘龙衔珠藻井，地面铺满金砖。

交泰殿内藏有许多珍宝。就殿内西侧的一座自鸣钟来说，钟高约6米，制作华贵精美，操作简单，报时也极为精准，是中国现存最大的古代座钟。在嘉庆之前，交泰殿还使用着另一种计时工具——铜壶漏斗。铜壶漏斗是乾隆十一年（公元1746年）时建造的，同自鸣钟一样高大、精美。铜壶漏斗依据水滴下落的节律计算时间，每到一个时辰，一支标着该时刻的水箭就会浮出来。乾隆非常喜欢这座计时器，认为它符合天地运行之道，将他放置在交泰殿的左侧，表示其地位高于右侧的自鸣钟。不过铜壶漏斗操作较繁复，需要有专人看守，冬天还要防止水冻结成冰，需用火不断烧沸水更换已经冰冷的水，所以嘉庆以后就不再使用了。

除此之外，这里还藏有25颗宝玺，是乾隆年间开始贮藏的。

乾隆皇帝还特意为此撰写了《国朝传宝记》和《交泰殿宝谱序》，又在传位给嘉庆皇帝之后撰写了《匣游记》。

交泰殿也是皇后接受祝贺的地方。明清两代每年的正旦（春节）、冬至后一日和皇后的生日千秋节，皇后在朝见完太后和皇帝之后，就要来到交泰殿，接受贵妃以下宫眷和命妇（泛指受有封号的妇女）的朝贺。以清代为例：受贺当天，殿前设有皇后的仪驾，殿檐下放置有中和韶乐，仪驾的南边设有丹陛大乐。殿前，贵妃、嫔妃们身着礼服按照不同身份等级站在下面。公主、福晋、二品以上命妇在礼仪举行前，先等候在隆宗门外，礼仪开始后，再在内监的引领下从内右门进入，来到交泰殿的丹陛上。

中和韶乐缓缓奏起《淑平之章》，皇后一身华服，庄重威严地坐在殿中的皇后宝座上。《淑平之章》的乐曲告一段落，丹陛大乐的《正平之章》的乐声响起，女官引领众朝贺者们站在各自的位置上，对皇后行六肃三跪三拜礼。礼毕后，乐声也随之停止。接着，女官再引众朝贺者退回原来的位置上，再向皇后奏报礼成。这时，中和韶乐再次奏起《顺平之章》，皇后伴随着乐声起身返回。等皇后离开后，众朝贺者才可退下。

另外，中国历代皇后每年春天都要进行一次采桑养蚕的祀先蚕活动。活动前的准备工作，许多都是在交泰殿进行，皇后也会亲自来到交泰殿阅视采桑工具。

坤宁宫

坤宁宫始建于明朝永乐十八年（公元1420年），正德九年（公元1514年）、万历二十四年（公元1596年）两次毁于火，万历三十三年（公元1605年）重建。清沿明制于顺治二年（公元1645年）重修，顺治十二年（公元1655年）仿盛京沈阳清宁宫再次重修。嘉庆二年（公元1797年）乾清宫失火，延烧此殿前檐，嘉庆三年（公元1798年）重修。

坤宁宫与乾清宫隔着交泰殿，相互呼应，乾清宫代表阳性，坤宁宫代表阴性，以表示阴阳结合，天地合璧之意。

坤宁宫坐北面南，面阔连廊9间，进深3间，屋顶形式为重檐庑殿式。坤宁宫包括主殿和两旁的配殿。相比于乾清宫的昭仁殿与弘德殿这两座配殿的名字，坤宁宫的这两座配殿的名字要显得随意许多，分别称为坤宁宫东暖殿和西暖殿。

坤宁宫正堂中没有匾额，倒是旁边的东暖阁曾有过楹联。楹联为乾隆皇帝御题："天惟纯佑命，俾尔戬谷，百禄是荷；民其敕懋和，绥以多福，万寿无疆。"东暖阁又分为阁上和阁下东、西室。阁上有匾额"福德相"，也是出自乾隆皇帝手笔。匾额两旁有楹联："功德庄严辉宝月，薰闻安乐引祥凤。"阁下东室有匾额："紫垣。"西室有楹联："斯干咏松竹，天保颂升恒。"

配殿也有匾额。如东暖殿上悬挂着雍正皇帝御笔亲书的匾额"为政坤元"，西暖殿上悬挂的匾额是乾隆皇帝所写的"德洽六宫"。不过，这些匾额、楹联到清末时已经所剩无几。

坤宁宫在明朝是皇后的寝宫。每位皇后从被册立之日起，就居住在坤宁宫。若是有皇后中途迁出坤宁宫，那一定是有以下两种原因之一：一种是半途被废黜，被迫迁出；一种是皇帝去世，

皇后在新帝即位后升为太后，改迁到专供太后居住的地方。

到了清朝，坤宁宫的用处便不再如明朝时单一。清代的皇后自雍正时期开始，不再以坤宁宫为寝宫。东暖阁在皇帝大婚时用作洞房，婚期结束后，皇后在东西六宫选择一个住所，移住过去。此后，坤宁宫的主要用途就变为祭祀满族传统神教的场所。

满族是一个极其敬重神明的民族，因此祭祀、祭神对于满族人来说是非常重要的事情。清朝皇室每年都要举行大大小小的祭祀。这也是皇帝、皇后的重要职责之一。在这些祭祀中，有一些是由皇后主持进行的，而皇后所用的场地主要是坤宁宫。

清廷为了让坤宁宫成为一个合格的祭神场所，对坤宁宫进行了一系列的修改，如将西暖阁拆去，与正堂连通，形成一个专用于祭神的场所。坤宁宫的改造形式主要仿造盛京清宁宫，改原明间开门为东次间开门，改原槅扇门为双扇木板门，改其余各间的棂花槅扇窗为直棂吊搭式窗。室内东侧两间隔出为暖阁，作为居住的寝室；

门的西侧四间设南、北、西三面炕，作为祭神的场所。与门相对后檐设锅灶，作杀牲煮肉之用。由于是皇家所用，灶间设棂花扇门，浑金毗卢罩，装饰考究华丽。

坤宁宫的祭神，有每年正旦次日或正月十日的大祭、春秋二祭以及每日的朝祭、夕祭；此外还有二月一日、五月五日、七月十五日、九月九日的祭祀，冬至宫中也要在这里祭天。

满族的居住设计有着不同于汉族的特色。根据满族的传统风俗，住房一般为西、中、东三间，大门朝南开，西间称西上屋，中间称堂屋，东间称东下屋。西上屋设南、西、北三面炕，西炕为贵，北炕为大，南炕为小。由于满族人以西为上，故西墙供神或祖宗牌位。西侧的大炕上供奉着朝祭神位，北侧的大炕上供奉着夕祭的神位，二者每日都有固定的祭祀时间。

坤宁宫的日常祭祀，主持者是满族传统的女性神职人员，被称为萨满太太。萨满太太共有20多人，平日居住在皇宫东部的南三所。皇后应每日在神前行礼，后来改由一位女官代替。

正旦和春秋举行的大型祭祀上，皇帝要率内外藩王、贝勒、辅臣、六部正卿吃祭神肉。吃祭神肉是祭祀活动的主要内容。祭神的肉是不放盐的，吃起来味如嚼蜡。有些大臣们为了吃起来不太痛苦，会偷偷带一些盐洒在上面吃。

皇帝与王公大臣在坤宁宫正堂吃祭神肉的同时，皇后率贵妃及以下女眷在东暖殿分吃祭神肉。

坤宁宫处处体现出清朝对于神的敬畏，反映出了当时清廷的宗教文化以及礼仪文化，为后人研究提供了重要依据与帮助。

外朝"三大殿"

紫禁城分为外朝和内廷。外朝是皇帝举行重大仪式、接见大臣

和外国使节、处理政务的地方。在外朝,有三座大殿是整座紫禁城最为重要的一组建筑,分别是:太和殿、中和殿、保和殿。三座大殿依次耸立在"工"字形汉白玉石台基上。

"三大殿"始建于明永乐十八年(公元1420年),最初命名为奉天殿、华盖殿、谨身殿,后于明嘉靖四十一年(公元1562年)更名为皇极殿、中极殿、建极殿。待到清朝顺治二年(公元1645年),又改名为太和殿、中和殿、保和殿,一直沿用至今。

"三大殿"中,以太和殿最为雄阔。中和殿与保和殿位于太和殿之后,规模和作用都逊于太和殿,可以说是太和殿的辅殿。"三大殿"从构造到布局,是古人"三位一体"观念的最高体现。

太和殿

太和殿俗称"金銮殿",不仅是紫禁城中最大的宫殿,也是中国现存最大的木结构大殿。太和殿高35.05米,加上正吻(屋顶正脊两端缩头卷尾张嘴吞脊的龙形装饰物）卷尾共高37.44米，比前门箭楼还要高出1米多。殿面宽60米，开间原为9间，康熙年间翻建时改为11间；进深为3003米，为5间。整座宫殿建筑面积达2377平方米。单从建筑数据上看，已经显示出其身为紫禁城最大殿所具有的霸气与雄伟。

太和殿屋顶为重檐庑殿式。庑殿顶，古称"四阿顶"，从商周时起延至明清，一直只用于最尊贵的建筑上，而加上"重檐"则更显尊贵，一般只用于宫中建筑。太和殿的屋顶不仅式样尊贵至极，其装饰也是极尽奢华：正脊两端安有龙头型正吻，各由13块"二样瓦"拼成，俗称"十三拼"。整个构件高达3.4米，重约2125千克，可谓古建筑饰件中少见的"珍品"。4条垂脊装有8个鸱吻（殿脊的兽头之形），连同两个正吻，号称"九脊封十龙"。檐角置有10个小兽。10个小兽是特例，

紫禁城其他宫殿的檐角上的小兽数量一般都是单数，最少的是1个，最多的为9个，只有太和殿用了10个，可见太和殿的与众不同。

太和殿高大的台基上下环绕着18个铜鼎。正面的基座上，东南角摆放着日晷（又称日规，中国古代利用日影测时间的一种计时器），西南角摆放着嘉量（古代称准量器），分别与铜龟、铜鹤排成一列。

太和殿内外的梁枋上，绘着金龙和玺彩画。大殿的前檐正中期间，全部安装6抹大槅扇；后檐正中3间全为槅扇门，上面都装饰有鎏金门钉。槅扇上雕有三交六椀的棂花格，绦环裙板都凸起金龙，凡接榫处均加以鎏金紫铜角叶。

太和殿殿门上有一竖匾，上书"太和殿"三字。太和殿内曾经悬挂着乾隆皇帝亲自书写的"建极绥猷"四个字的横匾，两边柱子上还有同为乾隆书写的对联："帝命式于九围，兹惟艰哉，奈何弗敬；天心佑夫一德，于时保之，遹求厥宁。"袁世凯称帝时，破坏了殿内的匾联，将原有的横匾换上了"礼堂"二字，太和殿也一时改称为"承运殿"。之后到张勋复辟时，又将太和殿门匾改了回来。不过换回的匾额不再是之前满汉文并提的殿额，而是只有汉文的"太和殿"三字的殿额。

太和殿殿庭正中最引人注目的就是宝座，这是明清两朝最高权力的象征。宝座由龙椅和座基组成。金漆木雕龙椅高踞在7层台阶的座基上，龙椅背后是7扇金漆雕龙屏风。太和殿的这座龙椅也曾在袁世凯称帝时惨遭不测，被袁世凯擅自撤掉了，直到几十年后，由故宫博物院专家仔细辨析，才从库房古文物中找到这把意义非凡的椅子，恢复了其"龙椅"的身份，经过修复后，被再次放回太和殿中。

受许多影视剧的影响，许多人认为太和殿的用途是上朝，实则是举行重大仪式、典礼的地方。例如每位皇帝的即位礼均在太和殿举行。除此之外，每年正旦、冬至、万寿节（皇帝的生辰）三大节及国家重要庆典时，皇上都要驾临此殿接受朝贺。

中和殿

中和殿是一座平面呈正方形的建筑，面阔、进深各3间，面积为580平方米。整个大殿的外廊由20根朱漆大柱支撑，单檐攒尖式屋顶，正中镶嵌着一个铜胎鎏金大宝顶，远远看去，犹如一座华盖，因而明朝最初建成时称其为"华盖殿"。整个大殿虽不及太和殿雄伟壮观，却自有一番庄严肃穆之美。

中和殿殿内的匾额、对联均为乾隆御笔亲书。横匾上写着：允执厥中。对联为：时乘六龙以御天所其无逸；用敷五福而锡极彰厥有常。

太和殿举行大典时，皇帝先到中和殿稍事休息，同时接受在典

礼中执事的官员的参拜。

　　除此之外，在举行祭天、祭地、祭社稷、祭孔、祭太庙、朝日、夕月等仪式的前一天，皇帝都要在中和殿阅视祝版。祝版是木制的，上面写着皇帝要向上天及神灵呈上的祝文。古代皇帝都自诩为"真龙天子"，是世间唯一可以与各种神灵对话的人，所以皇室对祭祀活动看得极为重要。为了确保祭祀当天不出意外，皇帝会提前一天来到中和殿阅视祝版，默诵祝文，检查祭祀的准备工作。

　　中和殿除为一些重大典礼、仪式做准备工作外，并不是没有其他用处。清顺治皇帝在位时，由于住在中和殿后面的保和殿里，所以经常将中和殿当作临御的便殿。顺治八年（公元1651年）八月，平西王吴三桂来京觐见时，顺治皇帝就是在此赐宴，款待吴三桂一行。

保和殿

　　保和殿在建筑等级方面仅次于太和殿。保和殿的屋顶形式为重檐歇山式，这种形式在当时也被称作"九脊殿"。面阔9间，进深5间，台基长49.68米，宽24.97米。它在建筑设计上延续了宋元时期的"减柱造"法，把殿内前面的金柱减去6根，开阔了空间。另外，殿后檐采用单双步梁插金的做法，梁架上前后不对称，童柱（功用与重檐金柱相同，下端不落地，立在梁架上的柱）不等高，结构不相同，但屋顶前后两坡却分毫不差，这种造法用材灵活，结构也极为巧妙，令人赞叹。

　　保和殿内的匾额、对联也是由乾隆皇帝御笔亲书的。匾额上写着"皇建有极"四个大字，两旁柱子上的对联的内容为：祖训昭垂我后嗣子孙尚克钦承有永；天心降鉴惟万方臣庶当思容保无疆。

　　保和殿位于中和殿之后，有着完全独立的作用。也许大家曾听说过"殿试"这个词，殿试是指古代科考考生考中进士后，在紫禁

城中接受科举考试中的最后一考。而保和殿，就是清代进士殿试的地方。

殿试最初都是在太和殿内举行，直到乾隆五十四年（公元1789年），殿试在太和殿前广场露天举行时，突降大雨，只得临时将考试改在了廊下。因这次意外，第二年的殿试便改在了保和殿内举行。

每到殿试前一天，鸿胪寺官员都会在保和殿内东侧安置黄案，殿外丹陛正中也同样设置一张黄案。试桌均安置在殿内，礼部和銮仪卫长官监督员役会在每张试桌上粘贴上贡士（参加殿试的人员）的姓名。

因为古代科举是极受重视的国家大事，关于考试存在许多礼节，待到殿试举行时，负责殿试的官员们要做的工作也就更多。当日，礼部、鸿胪寺官员先指引贡士们进入殿内。之后，内阁大学士会将殿内黄案上的试题双手捧出，在殿檐下授给礼部堂官。后者跪着接过试题，站起来由中路走到丹陛（古时宫殿前的台阶多饰红色，故名"丹陛"）上，将试题放置在此处的黄案上，向黄案行三叩头礼，

063

退下。赞礼官站在黄案旁,由读卷官和执事官按赞礼官的指示,在丹陛下排班站立,向黄案三跪九叩。然后,贡士们跪下接题,三叩之后再站起来。待一系列礼节完毕后,鸿胪寺官员便指引贡士们走到各自的试桌旁,开始应试。殿试的结束时间是当天太阳落山前。待贡士们交完卷,受卷官会将试卷交到中左门。弥封官在此弥封后,再将试卷全部装入箱中,送到午门内朝房,让读卷大臣阅卷。

阅卷工作会进行两天一夜。阅卷大臣会在这段时间内选出10份佳卷,在第三天的时候呈交皇帝阅读,由皇帝钦定名次,选出状元、榜眼和探花。

保和殿除了是殿试的场地,还负责举办一些重要的宴会。如每年的除夕正午,皇帝要在保和殿宴请外藩王公、文武官员。再如清朝公主下嫁时,朝廷会在纳彩礼的同一天,在保和殿设宴。

养心殿

养心殿坐落在紫禁城内廷西部，位于西六宫之南。养心殿及其配殿呈"工"字形，宽36米，进深12米。屋顶形式为黄琉璃瓦歇山式，结构上分为三大间，正殿明间和东西次间，明间、西次间前檐接建抱厦，东次间窗前宽敞开阔。

养心殿的后殿是皇帝的寝宫，共有5间，东西梢间为寝室，各设有床，皇帝可随意居住。后殿两侧各有耳房5间，东5间为皇后随居之处，西5间为贵妃等人居住。寝宫两侧各设有围房10余间，房间矮小，陈设简单，是供妃嫔等人随侍时临时居住的地方。

养心殿也成为清代皇帝居留时间最久的一座宫殿。清朝自雍正皇帝开始，这里就成为皇帝日常起居和理政的宫殿。此后的清朝历任皇帝都以养心殿为寝殿。

除了"养心"的名字很适合皇帝日常居住以及处理政务，养心

殿的地理位置也极佳。走出养心殿最外面的遵义门，穿过7米宽的西长街，便进入到乾清门西廊的月华门，沿着廊道一直走，便可到达乾清门，非常利于皇帝早上前往乾清门听政。

养心殿正堂也被称作中正仁和殿或养心殿明殿，正中是皇帝宝座"红木龙椅"。龙椅正上方悬着雍正皇帝手书的匾额"中正仁和"，前面设有一楠木黄缎案桌。龙椅后面是屏风，屏风上面的对联出自乾隆皇帝之手：保泰长钦若，调元益懋哉。

养心殿也有东暖阁和西暖阁。东暖阁在雍正时期，悬有"惟仁"二字的匾额，匾额两旁是一副楹联：诸恶不忍作，众善必乐为。除了匾额和楹联，东暖阁还曾挂有乾隆皇帝御书的康熙和雍正两位皇帝的圣训。乾隆帝御书《圣祖仁皇帝圣训》，文曰："天下之治乱休咎，皆系于人主之一身一心。政令之设，必当远虑深谋，以防后悔，周详筹度，计及久长，不可为近世邀利之举，不可用一己偏执之见。……"乾隆帝御书《世宗宪皇帝圣训》，文曰："敬天法祖，勤政亲贤。爱民择吏，除暴安良。勿过宽柔，勿过严猛。……"

这些圣训、匾额一直被保留到同治初年。后慈禧掌权，对东暖阁的布局进行了修改，也就是现在故宫保留的布局：东墙下设有两宫太后的御座，前面是半透明的纱帘，这就是清晚期的垂帘听政处。

再说养心殿的西暖阁。西暖阁北墙上悬挂着雍正皇帝题写的匾额——"勤政亲贤"，因此西暖阁也被称作勤政亲贤殿。与"勤政亲贤"的匾额相对应的楹联是：惟以一人治天下，岂为天下奉一人。意思是：只有让至尊天子治理天下的使命，哪有拿整个天下奉养天子的道理。牌匾的正下方还设有一屏风，屏风上面是乾隆皇帝所著的诗。

西暖阁是皇帝处理日常政务、单独接见大臣、批阅殿试考卷的地方，处处都体现着对皇帝的要求与训诫，时时刻刻提醒皇帝应做一个明君。

与清朝截然不同的是，明朝的养心殿是皇帝的膳房，皇帝常在这里用膳。养心殿宫区的入口正名叫遵义门，但在明朝大部分时间被称为"膳厨门"，嘉靖十四年（公元1553年）时改名为"遵义门"。不过一直到明末崇祯年间，太监仍俗称其为"膳厨门"。在养心殿南面有一排低矮的房屋，明代这里有一座隆道阁和无梁殿，另外就是长排的膳房。明代皇帝的膳食就在这里调制。

养心殿为人们所熟悉，还是因为慈禧的"垂帘听政"。慈禧两度垂帘听政，地点都是在养心殿的东暖阁内。现在故宫养心殿东暖阁的陈设，就是光绪皇帝年幼时期，慈禧垂帘听政时的场景。当时小皇帝坐于前座，慈禧坐于后座，两座之间由一道黄色纱帘隔开。所有的决策就由黄色纱帘后的西太后做出。

慈禧以"垂帘听政"的形式统治中国近半个世纪，而养心殿就是这段历史的最好见证。

宁寿宫

宁寿宫是皇宫东路建筑的主体建筑，位于皇极殿的后侧，养性殿的前侧，康熙二十八年（公元1689年）建成。刚一建成的时候，这里只是宁寿宫后殿，乾隆三十七年（公元1772年）增建修葺，乾隆四十一年（公元1776年）落成的，光绪年间又予以重修。从修建到之后陆续的增建、修葺，宁寿宫区渐渐也成为紫禁城中重要的一隅。

宁寿宫形制上同于坤宁宫，康熙初建时作为坤宁宫的后殿。乾隆三十七年至四十一年，将前殿建为皇极殿，原匾额移至后殿，遂改称后殿为"宁寿宫"。宁寿宫建于单层石台基之上，台与前面的皇极殿相接。宫面阔7间，进深3间，屋顶形式为单檐歇山式。檐廊柱枋间为镂空云龙套环，枋下是云龙雀替，皆饰以浑金，显得富丽堂皇，高贵奢华。

内外檐装修及室内间隔、陈设与坤宁宫相似：东次间开门，置光面板门两扇，上为双交四椀亮子，门左右下方砌有槛墙，上安直棂吊搭窗。余各间均为槛墙、直棂吊搭窗。每间上部都安双交四椀横披窗3扇。室内吊顶是镞花蝙蝠圆寿字天花。

迎门一间后檐里有一间小室，里面设有煮肉锅灶。西侧3间敞通，安木榻大炕，设有萨满教神位及跳神用法器，是祭祀的主要场地。东侧两间相连为卧室，后檐设仙楼，东山墙辟门，可通庑房。宁寿宫两侧建庑房及南转角与东西两庑相连，两庑各9间，均于南数第3、6间开门。殿后左右各有一座砖砌的方形烟囱，上安铜顶，为宁寿宫灶房及室内烟道所用。改建后的宁寿宫与坤宁宫相同，处处都体现着满族的风俗文化。

与宁寿宫渊源最大的，莫属乾隆皇帝了。乾隆三十八年（公元1773年），乾隆已经在心中有了储君的人选，与此同时，他也开始为自己的晚年生活做起打算。不久，乾隆下令修缮扩建宁寿宫，有心将宁寿宫作为自己颐养天年之所。不过，乾隆最终并没有入住宁

寿宫，原因是乾隆85岁退位时仍不安心完全放下朝政，继续在养心殿主政，他自觉可以长命百岁，不着急进入宁寿宫养老。谁知他89岁时就去世了，宁寿宫的晚年生活终是没有达成。

　　宁寿宫区几乎是集乾隆时期宫殿建筑的精华于一体的建筑。乾隆皇帝在此有限区域中，力图集中他一生中最得意的宫殿建构，使宁寿宫殿阁楼台、亭斋轩馆无不具备。这片宫区带给人的古典意趣、建筑与人的亲和感、细节的美，在紫禁城的其他宫区没有一个可以与之相比。

　　清朝最初对宁寿宫进行修建是在康熙二十七年（公元1688年），康熙皇帝为了孝惠太后颐养天年所建。孝惠太后并不是康熙的亲生母亲，但是康熙一直对孝惠太后孝敬有加，同样，孝惠太后也对康熙给予慈母般的关怀。

　　康熙五十六年（公元1717年）十二月，77岁的孝惠太后病重卧床不起。当时康熙皇帝也已经64岁，并患病在身。即便如此，当得知孝惠太后病重后，康熙仍带病赶往宁寿宫。当康熙赶到太后床前时，太后已经处于弥留之际，只能目不转睛地望着康熙，却说不出话。康熙看在眼里，心中悲伤万分。

　　为了照看太后，康熙在宁寿宫西边的苍震门内搭设帷幄暂居。就在这次探病的3天后，孝惠太后病故。服丧期间，康熙仍住在苍震门，直到服丧期满才回到乾清宫居住。

　　宁寿宫虽然没有外朝"三大殿"的恢宏大气，没有内廷"后三宫"的重要位置，仅仅占据紫禁城内不起眼的一隅，但它仍记述了一段段重要的历史，为后人的历史研究做出了重要贡献。

御花园

　　御花园位于紫禁城中轴线上，坤宁宫后方，始建于明永乐十八

年（公元1420年），明代时称为"宫后苑"，清代雍正时期改称御花园，基本格局仍同明代时期。

御花园全园南北纵80米，东西宽140米。正南有坤宁门同"后三宫"相连，左右分设琼苑东门、琼苑西门，可通东西六宫；北面是集福门、延和门、承光门围合的牌楼坊门和顺贞门，正对着紫禁城最北界的神武门。

御花园是一座微型的皇宫后花园，园内主体建筑钦安殿为重檐盝顶式，坐落于紫禁城的南北中轴线上，以其为中心，向前方及两侧铺展亭台楼阁。御花园虽小，但亭台楼阁、殿堂轩楼，一个不少，假山、池塘更是遍布园中，令游园者目不暇接。

御花园中有两座假山：一座位于园中西南部，据说是溥仪时期建造，未命名；另一座位于园北稍东部，是钦安殿东北方向的堆秀山。堆秀山的前身是一座观花殿。明万历皇帝为了重阳登高的需要，命人在观花殿的旧址上堆砌了一座假山，堆秀山因此应运而生。堆秀山原名是"堆绣山"，清朝时期才将"绣"改为"秀"。

堆秀山前有一对狮子石座，上面各有一石刻龙头。龙头口喷水柱高达 10 余米，景象十分壮观。这"喷泉"设计得极为巧妙，是在山腰上安设一个注水的铜缸，水从缸中流出，凭借落差，再从龙的口中喷出，形成精妙绝伦的"喷泉"。

　　山前正中有门，门上写着"堆秀"二字，门内有洞，洞的东侧石壁上有乾隆皇帝的手书"云根"二字。沿洞内石阶盘旋而上，可到达山顶。山顶建有四角攒尖顶方亭一座，名为御景亭。每年九月初九重阳节，清代帝后都要上堆秀山登高，到御景亭览胜。从御景亭眺望，不仅紫禁城的景观一览无余，就连西苑与景山也尽收眼底。

　　除了御景亭，御花园中还有 11 座小亭。这 11 座小亭中除了"四神祠"，其他小亭均以两两相对的形式呈现：凝香亭和毓翠亭、浮碧亭和澄瑞亭、万春亭之南和千秋亭之南的两座井亭、钦安殿东西的两座香亭。其中如万春亭、浮碧亭、千秋亭、澄瑞亭等都象征着春夏秋冬四季。

072 紫禁城的故事

位于御花园东北部、堆秀山东侧的是摘藻堂，其中"摘藻"为施展文采之意。顾名思义，这个地方与学问相关，自清乾隆四十四年（公元1779年）后，室内添置了书架，贮藏《四库全书荟要》，择"四库"中之精粹，以备皇帝来此休憩阅览。

　　御花园内种植着许多牡丹和松柏。明清时期的御花园种得最多的花卉是牡丹花。牡丹自唐朝开始就受人追捧，在四季分明的北京也很适宜种植，成为御花园中的宠儿也在情理之中。到了清朝初期，御苑（包括御花园）中的牡丹已经有90余种，都是康熙皇帝亲自取定的名字。

　　除此之外，松柏也是御花园中的一大特色。一般花园中都不会种植很多高大、粗壮的松柏，御花园则不然。御花园与其他御苑不同，它位于皇宫的中轴线上。在中轴线上纵向排列的建筑物都是皇宫中最为庄重而高大的建筑。在中轴线上的御花园，如果只有小桥流水，鲜花绿草，会显得太过柔美，与中轴线上整体的建筑风格不相称，破坏了整体的和谐之美。所以，御花园中需要有相应的高大植物与周围的宏大建筑相互映衬，而四季常绿的松柏就成为首选。

　　御花园的松柏都是经过精挑细选的优良品种，种植方法极为讲究。松树的侧枝较多，不宜密集种植。柏树中的桧柏是种植佳选，因为其无侧枝，树冠呈圆锥形，长成后可达20米高，树龄也极长。

　　御花园的总体建筑虽然对称，却不呆板，在井然有序的和谐之中，又有着别出心裁的设计，像是用彩石铺就的园中小径，使整个园子意趣盎然，令游者流连忘返。

第三章 紫禁城的珍宝之奇

紫禁城，明、清两代的皇宫，这里珍藏着众多文物和宝典，件件堪称稀世珍宝：《清明上河图》《五牛图》之类的名画，三希堂中珍藏着的"三希"帖，还有各种自制以及外国进贡来的做工精致、造型奇特的钟表等。自古以来备受皇亲贵族推崇的玉石珍器，多得更是令人眼花缭乱。

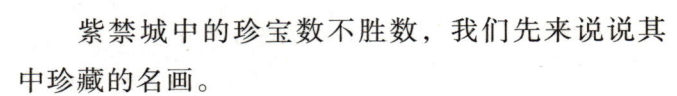

稀世名画

紫禁城中的珍宝数不胜数，我们先来说说其中珍藏的名画。

第一个要说的，就是大家最为熟悉的《清明上河图》。《清明上河图》是由北宋著名画家张择端绘制的，绢本，纵24.8厘米，横528厘米，描绘了清明时节北宋都城汴京（今河南开封）东

角子门内外和汴河两岸的繁华热闹景象。

全画可分为三段：

首段写市郊景色，茅檐低伏，阡陌纵横，其间人物往来。

中段以"上土桥"为中心，另画汴河及两岸风光。中间那座规模宏敞、状如飞虹的木结构桥梁，概称"虹桥"，正名"上土桥"，为水陆交通的汇合点。桥上车马来往如梭，商贩密集，行人熙攘。桥下一艘漕船正放倒桅杆欲穿过桥孔，艄工们的紧张工作吸引了许多群众围观。

后段描写的是市区街道，城内商店鳞次栉比，大店门首还扎结着彩楼欢门，小店铺只是一个敞棚。此外还有公廨寺观等。街上行人摩肩接踵，车马轿驼络绎不绝。行人中有绅士、官吏、仆役、贩夫、走卒、车轿夫、作坊工人、说书艺人、理发匠、医生、看相算命者、

贵家妇女、行脚僧人、顽皮儿童，甚至还有乞丐。他们的身份不同，衣冠各异，同在街上，而忙闲不一，苦乐不均。城中交通运载工具，有轿子、驼队、牛、马、驴车、人力车等。车辆有串车、太平车、平头车等诸种，再现了汴京城街市的繁荣景象。高大的城门楼名东角子门，位于汴京内城东南。

全卷画面内容丰富生动，集中概括地再现了12世纪北宋全盛时期都城汴京的生活面貌。

此画用笔兼工带写，设色淡雅，不同一般的界画，即所谓"别成家数"。构图采用鸟瞰式全景法，真实而又集中概括地描绘了当时汴京东南城角这一典型的区域。作者用传统的手卷形式，采取"散点透视法"组织画面。画面长而不冗，繁而不乱，严密紧凑，如一气呵成。画中所摄取的景物，大至寂静的原野，浩瀚的河流，高耸的城郭；小到舟车里的人物，摊贩上的陈设货物，市招上的文字，丝毫不失。在多达500余人物的画面中，穿插着各种情节，组织得有条不紊，同时又具有情趣。

后幅有金张著、明吴宽等13家题记，钤96方印。

紫禁城中还有一幅历经坎坷保存下来的名作，那就是由唐代画家韩滉所绘制的《五牛图》。

《五牛图》为手卷形式，纸本，高22厘米，长140厘米，画中的五头牛从左至右一字排开，各具状貌，姿态互异。除正中间的那头牛是正对观者外，其余四头皆是侧面，但形态更为生动，或俯首吃草，或仰首哞叫，或准备前行，或回首瞻望。不过，这五头牛中最展现作者功力的，还要数中间那头正面的牛，其视角独特，显示出作者高超的造型能力和深厚的美术素养。韩滉以简洁的线条勾勒出牛的强健躯体和坚韧表皮的质感，使之惟妙惟肖地跃然纸上；笔法流畅，线条富有弹性，力透纸背，刻画精准且不失强烈的艺术表现力。

韩滉对牛的刻画细致入微，同时又融入了"人"的精神。他运用自己不凡的绘画功力及对生活的深刻的洞察，通过完美布局，既粗细地呈现出眼睫毛等细微处的精彩，同时以其对整体外貌形态的准确把握，运用完美的线条笔力，打造出神态各异的精彩画面，使画中的五头牛栩栩如生，既展现出牛的特点，同时又依稀可以从中感觉到"人"的特性。

《五牛图》一经问世就受到热捧，到了宋朝，更是受到各层人士的追捧。后来金兵进犯，宋室南渡避难，高宗赵构于兵荒马乱中也未忘记带走这幅名画。

宋朝灭亡后，《五牛图》辗转到了大书画家、魏国公赵孟頫手里。赵孟頫对《五牛图》钟爱有加，欣然为图题跋："神气磊落，希世名笔。"韩滉的画，再加上赵孟頫的题跋，从此《五牛图》的价值顿增，更成为各帝王显贵们争相抢夺的收藏佳品。

随着时代的更迭，《五牛图》辗转多人之手，甚至还曾一度下落不明，直至清乾隆年间，才又再次现世，并被乾隆皇帝得到。乾隆获《五牛图》后欣喜非常，在图上盖上了自己的玉玺，并多次找来有才华的大臣在卷后题跋。之后，《五牛图》一直被珍藏于宫中内府，后又被转藏于中南海瀛台。

1900年，八国联军洗劫紫禁城，《五牛图》被劫流入国外，从

此杳无音讯。直到中华人民共和国成立后，1950年时，香港一位爱国人士花重金从国外购得，并写信告知周恩来，建议国家赎回此画。周恩来对此事极为重视，派专家组前往香港购画。

当《五牛图》再次回到中国时，已经因长久的颠沛流离变得伤痕累累，画面上布满了尘垢和孔洞。经过故宫博物院修复厂裱画室技师们的精心修复，这幅传世名画才得以恢复昔日的光彩，被珍藏于北京故宫博物院内。

除了《清明上河图》与《五牛图》，紫禁城中还曾珍藏过许多名画。由于历代帝王对书画的珍爱，大量作品汇入宫中，仅乾隆时期内收藏的历代书法名画就达数万件之多。

三希堂的"三希帖"

三希堂位于养心殿的西暖阁，原名"温室"，后改为"三希堂"。"三希"有两层含义：一是"士希贤，贤希圣，圣希天"，即士人希望成为贤人，贤人希望成为圣人，圣人希望成为知天之人，也就是鼓励自己不懈追求，勤奋自勉；二是"珍惜"，古文"希"同"稀"，"三希"即三件稀世珍宝。

三希堂不大，不足10平方米，但室内布置却极为优雅、古朴，曾是乾隆皇帝的书房。乾隆皇帝书写的"三希堂"匾额和《三希堂记》墨迹，至今还被悬挂在墙上，匾额两侧对联为：怀抱观古今，深心托豪素。

既然三希堂的名字含义里有"三件稀世珍宝"的意思，那么这三件珍宝指的是哪三件珍宝呢？这三件珍宝是三幅名家字帖：王羲之的《快雪时晴帖》、王献之的《中秋帖》、王珣的《伯远帖》。

其中，王羲之的《快雪时晴帖》被乾隆尊为"三希帖"的第一稀。王羲之自古被称为"书圣"，其书法被赞为"字势雄逸，如龙跳天门，虎卧凤阁"。不过，三希堂中所珍藏的并不是王羲之的真迹，据推测应是唐人勾填，但勾填逼真，不失原作风韵，可以说是"高仿"中的精品，能得此帖，已属不易。

《快雪时晴帖》是一封书札，高23厘米，宽14.8厘米，共4行，28个字，以行书写成，内容是作者写他在大雪初晴时的愉快心情及对亲朋的问候。

乾隆尊王献之的《中秋帖》为"三希帖"的第二稀。王献之是王羲之的儿子，父子俩被人们并称为"二王"。王献之最为擅长草书，书法流畅遒美。此帖被人称为"一笔书"，那畅快淋漓、矫若游龙的笔法，令人叹为观止。三希堂中的《中秋帖》也并非真迹，同王羲之的《快雪时晴帖》一样，是唐人所勾填的精品"高仿"版。

《中秋帖》，又名《十二月帖》，纸本，手卷，高27厘米，宽11.9厘米，3行，22字："中秋不复不得相还，为即甚省如何然胜，人何庆等大军。"

王珣的《伯远帖》为"三希帖"中的第三稀。王珣是王羲之的侄子。《伯远帖》不同于《快雪时晴帖》与《中秋帖》，是"三希帖"中唯一的真迹。

《伯远帖》是王珣问候友人病况的一封信，纸本，以行书写成，5行，共47字，纵25.1厘米，横17.2厘米。上书原文大致为："珣顿首顿首，伯远胜业情期群从之宝。自以嬴患，志在优游。始获此出意不克申。分别如昨永为畴古。远隔岭峤，不相瞻临。" 王珣在此帖中的书迹俊逸流畅，劲健灵动，瘦劲古秀，其结字缜密，而又大小参差，疏密有致。《伯远帖》背面还有明代书画大师董其昌的题记，亦为此帖增色不少。

乾隆十二年（公元1747年），乾隆皇帝命人将"三希帖"以及内府所藏历代墨迹中的一些精品，加以编次，并让具有书法修养的翰林和官员勾摹，再由召集来的刻石高手将其镌刻在495方石头上。4年后，这一工程终于完毕，乾隆又命拓工用上好的纸墨，将石刻拓下52份，每份32卷，分赏给王公大臣。这就是闻名于世的《御刻三希堂石渠宝笈法帖》的最早拓本。接着，乾隆又在西苑（今北海公园）白塔山西麓建造了阅古楼，将全部法帖石刻镶嵌于楼壁间。专为此事题诗：

　　　　宝笈三希萃法珍，好公天下寿贞珉。
　　　　楼飞四面开屏障，神聚千秋作主宾。
　　　　不杂嬴刘夸博广，略存魏晋要精真。
　　　　游丝灯影参元契，大块文章沉瀣津。

时过境迁，阅古楼的法帖石刻承受住了时代的浩劫与炮火的洗礼，但存于三希堂的"三希帖"却几经周折，流落乱世。

清朝灭亡后，在"末代皇帝"溥仪出宫之际，敬懿皇贵妃将《中秋帖》以及《伯远帖》带出紫禁城，后流散在外。1950年周恩来同志指示将《中秋帖》与《伯远帖》购回，交故宫博物院收藏。

西洋的钟表

自明万历皇帝从西方传教士利玛窦手中得到两座自鸣钟，钟表就开始成为皇宫贵族的热门收藏品。到了清朝，皇帝对钟表的喜爱更甚。从康熙皇帝开始，清朝的各代皇帝都对钟表情有独钟，西方的使节也因此投其所好，每次出使都要带上几件西洋钟表。现在故宫钟表陈列室中展出的84件钟表中，有一部分就是来自法国、瑞士、日本等国的舶来品。

这些"进口"钟表造型美观，工艺精致，在追求计时准确的实用性外，还讲究外观的奢华精致，充分反映了那一时期欧洲钟表制造的高超工艺水平，富有极高的收藏价值。拿英国制造的铜镀金象拉战车钟来说，整体长136厘米，高70厘米，宽55厘米，外形主要展现的是英国士兵征战的场景。

　　铜镀金象拉战车钟是典型的宫廷御用表，比起计时功能，制作者们对其造型更为用心：一头健硕的大象拉着四轮战车，战车与象背上共载有11位官兵，而表盘位于战车上方，由战士簇拥着。大象及战车车身为铜镀金嵌彩色料石，乍看上去富丽堂皇，光彩夺目。若仔细观看，则更会为之倾倒。原来，这铜镀金象拉战车表设置了许多讨喜的小工艺。例如，象腹内的发条。象腹下一固定轮子，确定战车前进方向。战车前部有一铜筒，上置鼓、号及兵器，筒内发条带动筒下车轮转动，这是战车启动的唯一动力源。铜筒后面的方箱，内有发条，是控制方箱上指挥官的转身动作。车后部的车箱是乐箱，内有控制奏乐和车轮转动的机械装置，车下有两轮。上弦分别在象腹、铜筒、方箱、乐箱处。战车沿弧形轨迹行驶，象及人物动作均同时进行。

　　还有一件极具西洋特色的钟表，名叫铜镀金写字人钟。这件精美的大型钟是英国伦敦的威廉森专为清宫制作的，高231厘米，底座的长、宽均为77厘米。钟型为铜镀金四层楼阁。底层是铜镀金写字人钟的主体部分，也是此钟构造最为复杂精妙的一层。正中是一个单膝跪地，穿着16世纪欧洲人特有服饰的小人在伏案写字。这并不是单纯的装饰，其中蕴藏着非常精妙的机关：它与计时部分机械不相连，是一套独立的机械设置，只需上弦开动即可演示。控制写字部分的主要机械部件是三个圆盘，盘的边缘有凹、凸槽，长短距离不一，这些盘是按照每个笔画、笔锋而特制的。上下两盘分别控制字的横、竖笔画，中盘控制笔的上下移动动作。当机关启动，写字小人便在面前的纸上写下"八方向化，九土来王"八个汉字，字迹工整有神。写字的同时，小人的头也会生动地左右摇摆。第二层是钟的计时部分。第三层有一敲钟人，每逢报完3、6、9、12时后便打钟，奏乐。顶层圆形亭内，有两人手举一圆筒作舞蹈状，启动后，二人旋身拉开距离，圆筒展为横幅，上书"万寿无疆"四个字。

除了来自国外的精美钟表，紫禁城内也有许多国内制造的钟表。国内制造的钟表，一般是由清宫内务府造办处以及广州、苏州等地的中国钟表匠人制造。国内制造的钟表吸收了西洋钟表材质精美、构思独特的优点，同时又融入了中国传统文化特色，可谓中西合璧，精妙绝伦。

铜镀金珐琅瓶变字转花开花钟，是乾隆年间由广州的钟表匠人制造的。此钟的机械技术和造型风格体现了广州钟表的整体水平。

铜镀金珐琅瓶变字转花开花钟通高83厘米，面宽30厘米，厚22厘米。钟分3层。底层乐箱正面中央有2针钟，钟盘左右两侧各设一朵料石转花。二层箱体正面是四字横幅，字可变换4种，分别为"福与天齐""喜报长春""福禄万年""太平共乐"，平台四角各设一瓶转花。上层是蓝珐琅双兽耳瓶，瓶体饰金色八宝图案和卷草纹，瓶腹部中央圆形窗口内有料石转花，其花瓣形状、颜色均可变换，有红、绿、黄、蓝4种颜色。瓶中插一花树，顶端红色大花的花瓣能开合，花心落一蝴蝶。

机械开启后，在音乐伴奏下，底层正面钟表两侧的料石花旋转，二层四字横幅变换，上层瓶体腹部转花变换形状和颜色，顶端大花花瓣开合有致。

此钟对料石花的处理手法多样，或转动，或开合，更有可变换形状、颜色者。顶层瓶腹部料石花的花瓣上都装有小轮，又以伞轮来推动小轮，并设闸控制，以变换形状及颜色。顶端大花下有牵引杆与机芯相连，由机械控制牵引杆的张弛，使花瓣开合。

此外，交泰殿内的自鸣钟也是由国内钟表匠人们制造的。自鸣钟虽没前面介绍的钟表精致、华贵，却是个货真价实的"庞然大物"，高约6米，极富霸气。自鸣钟可报时、报刻和打更，且这三种功能的钟声也各不相同，以更声最响，每次起更（指第一次打更，即五更中的一更天）和亮更各打108下，夜深人静之际，在太和门处都能听见。此钟最为人称道的是，随着一年24个节气不同、黑夜时间长短不一，它的打更时间也可自行随之变化，总是能准确地把夜间作五等分。另外，自鸣钟不需要上发条或是人工运作，而是以5个各重50余千克的坠砣作为动力。

自鸣钟曾于民国时期损坏，中华人民共和国成立后，于1958年由故宫博物院的老修表工徐芳洲等人修复。现在，这座已经有200多岁的"庞然大物"依旧可以准确地报时，声音也依旧响亮如昔。

现在，故宫的奉先殿设有钟表馆，展示着众多明清时期制造的以及从国外传来的精美钟表。时针嘀嘀嗒嗒，钟鸣厚重有力，这些钟表曾遍布紫禁城的各个亭台楼阁，大殿内堂，此时它们的计时功能已不再重要，但作为一件件精美绝伦的艺术品，它们继续散发着无与伦比的光彩。

玉器珍品

玉，对于中国人来说具有非凡的寓意。从古至今，玉被赋予了各种正面的赞美，是文人墨客争相作诗赞誉的对象。孔子就曾将君子的美好品德比喻为玉，曰："君子比德于玉。"一些表达美好的成语，也常用到"玉"字，如"冰清玉洁""谦谦君子，温润如玉"等。而作为皇宫的紫禁城，又怎么会少了玉呢？许多精美绝伦、巧夺天工的玉器珍藏于其中。

清朝时期是中国玉器制作和发展的鼎盛时期，玉器的工艺已经日趋成熟，所以清朝时紫禁城内的玉器最为繁多。清代宫廷玉器不仅玉材种类繁多，选择也极为严格，用玉必求质色纯正、温润无瑕。

著名的"大禹治水图"玉山就是其中的代表。

"大禹治水图"玉山占据了多项"之最":中国玉器中用料最多,运路最长,花时最久,费用最贵,雕琢最精,同时也是世界上最大的玉雕之一。

"大禹治水图"玉山高224厘米,宽96厘米,重达5000多千克。玉山的原料是细润、致密而又坚硬的青玉。青玉选用的是产自新疆和田的密勒塔山的和田玉。当时制作"大禹治水图"玉山的和田玉玉坯重达5吨,要从遥远的新疆密勒塔山运到北京,是件极为艰难、繁复的工作。黎谦所作的《瓮玉行》一诗中曾描述过玉坯运到北京的过程:"于阗(和田)飞檄京师,大车小车大小图。轴长三丈五尺咫,堑山导水湮泥涂。小乃百马力,次乃百十逾,就中瓮玉大第一,千蹄万引行踌躇,日行五里七八里,四轮生角千人扶。"乾隆皇帝也曾记述道:"密勒塔山……采得大玉,由冰而拽运至京师。"

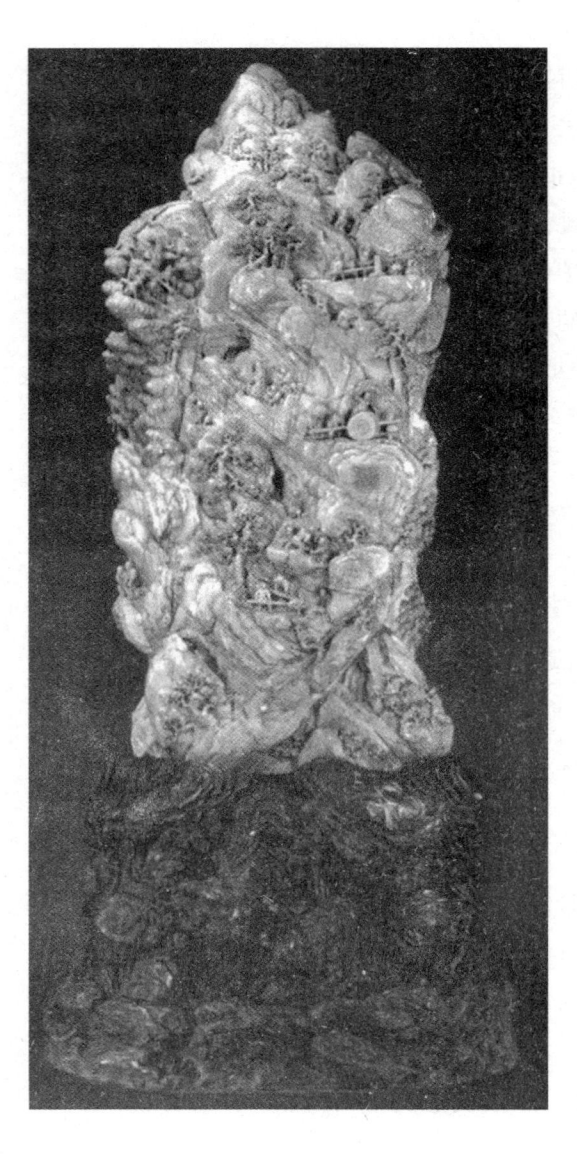

从以上的记述来看，运输一块硕大的玉料，需要制造轴长三丈五尺的特大专车，车上接有铜制如"生角"的扶把，并要用一百多匹马来拉此车。在路途中，还需要有成千上万的役夫逢山修路，遇水架桥。若是冬天拉运，役夫们还需在道路上泼水冻冰，以便加快运输速度。

作为世界上最大的玉雕作品之一，"大禹治水图"玉山，仅玉料运到京城就耗费了三四年时间。玉料到达京师后，经设计、绘图、制蜡样、制木样，然后发运江苏扬州，由匠师施工，再运回北京，择地安置，刻字钤印，至乾隆五十三年（公元1788年）才终大功告成，前后共费时十余年，总工程量达15万个工作日，用去白银万余两。

"大禹治水图"玉山是从乾隆四十六年（公元1781年）二月十日在京师设计完稿，当年九月开始雕琢的。该玉山通体造型呈山峰状，放眼望去，重峦叠嶂，流水飞瀑，古树高耸仿若入云，山路盘桓像一眼望不到边。再细致地观看，会发现悬崖陡壁间，聚集着成群结队的劳动者，他们正跟随大禹开山导石，治理水患：有的开凿石壁，有的拿着工具搬运沙砾。每个人物都是那么生动，这幅存在历史传奇的场景就这样清晰地展现在观者的眼前。

玉山的正面刻有"五福五代堂古稀天子宝"方印，背面下方刻有篆书"八徵耄念之宝"方印，上方有乾隆《题密勒塔山玉大禹治水图》御制诗。

乾隆爱玉是出了名的，经常亲自监督、管理各种玉器的制作流程，对"大禹治水图"玉山的制作更是重视。乾隆督做这件玉山的目的是通过颂扬大禹治水的功绩，表白自己师法古代圣王之心，来暗喻自己为明君，并以此显示国力的强盛。

现如今这件"大禹治水图"玉山展览于故宫宁寿宫乐寿堂珍宝馆。

如果说"大禹治水图"玉山是靠"大"而闻名于世，那么紫禁城中的另一件玉器珍宝"翠玉白菜"则是靠"巧"来夺人眼球。

这棵翠玉白菜虽没有上古传说作为主题，却是一件稀世的巧雕，汇聚了玉材的天然美与精湛的雕工美。它利用玉料白色的部分做菜梗，翠绿色的部分做菜叶，叶子自然翻卷，筋脉分明，构思极为巧妙，将玉料的天然优势利用得天衣无缝。为了使其更加生动逼真，能工巧匠们还在菜叶上雕刻出一只螽斯、一只蝗虫。因螽斯与蝗虫是繁殖力极强的昆虫，诗经中曾有《螽斯》篇，内容是祝福他人多子多孙。再加之这棵翠玉白菜原是永和宫中的物件，很有可能是清末居住在永和宫的瑾妃的嫁妆。所以，这棵翠玉白菜的寓意应是祝福皇室子孙绵延万世，兴旺不衰。

这棵翠玉白菜在中华人民共和国成立前，被带到了台湾地区，现展于台北故宫博物院。

乾隆是清朝历代帝王中最爱玉的一个。如今故宫内收藏的上万件古玉，大多是在乾隆时期收进宫的，极大地推动了清代仿古玉的制作发展。乾隆晚期仿制的古玉器往往刻有"大清乾隆仿古"或"乾隆仿古"等款识，这也是宫廷仿古玉器的一个重要特点。

其中，"玉仿古召夫鼎"就是其中的代表之作。玉仿古召夫鼎通耳高 25.15 厘米，口径

宽13.8厘米，长20.9厘米，足径长17.4厘米，宽11厘米，选用的材料为新疆青玉。玉仿古召夫鼎仿的是古代青铜器召夫鼎，并配以木座和玉顶木盖，整体为长方形，六出戟，采用浮雕、透雕、阴刻等雕刻技法。耳及口沿外侧均刻阴线回纹，四面装饰有兽面纹，四柱形足，足外侧雕蝉纹。

玉仿古召夫鼎内底刻有乾隆御笔隶书：

和阗贡玉来虽夥，博厚尺盈亦致艰。
材拟召夫今作鼎，祥非王母昔贻环。
亚形还与摹铭款，晃彩宁当视等闲。
事不古师说闻匪，惭因赏并把吟问。

除歌功颂德、彰显霸气的"大禹治水图"玉山，精雕细刻、寓意吉祥的翠玉白菜以及做工讲究的玉仿古召夫鼎外，紫禁城中还珍藏着许许多多的玉器珍品。它们都曾是皇宫中的宝物，皇帝们的挚爱物件，即使今日它们已不再属于某个人，却依旧如过去一般拥有着无与伦比的魅力和不可估量的价值，其富有的深厚文化内涵，是不会随着时代的更迭而黯淡消逝的。

珍贵的科学文物——手摇计算机

法国科学家巴斯加于1642年在巴黎创造发明了世界上第一台盘式手摇计算机，后由传教士把这种盘式手摇计算机介绍给爱好自然科学的康熙皇帝，深得康熙皇帝的喜爱。可能受到这些计算机的启发，清政府采用了巴斯加计算机的构造原理及部件，开始试制一些盘式计算机，并在原来计算机的基础上进行升级改造。

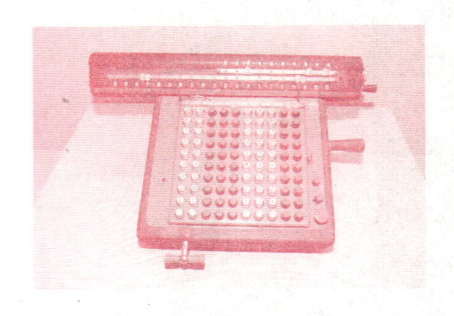

铜镀金盘式手摇计算机，长55.5厘米，宽12厘米，高4.8厘米。清宫旧藏。

这件盘式手摇计算机，黄铜质，盘表面镀金，装在特制的黑漆木盒里，由清宫造办处依巴斯加计算机的构造原理自制。利用其齿轮系统转动可进行加减乘除运算。计算机表面有10个大小相等的圆盘，表示十位数。每个圆盘分为上盘与下盘，上盘中央刻有拉丁拼音的数位名称，周围按逆时针方向刻着由1至9的阿拉伯数字。1与9之间有一空格，在空格中安一能上下移动的铜挡片，移动挡片，可以看到下盘两种刻数的一个数码。

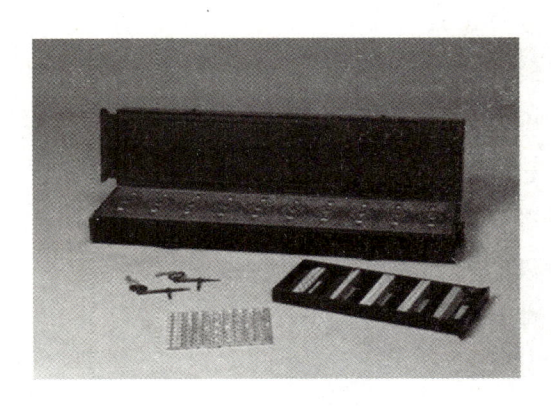

下盘周围也分为10格，里外又分为3圈，其外圈均布10个小孔，用拨针插入小圆孔，可以按顺时针方向转动下层圆盘。在下盘的10个圆盘之下各

安装一个10齿的齿轮，下盘转动，齿轮也随之转动。当上盘空格的读数超过9时，如继续转盘，齿轮可带动左边的齿轮转动一格，就使左边的读数增加1或减少1。明确地说，按顺时针方向转动下盘，读其中圈的数码，可体现进位，适用于加法及乘法；读其内圈的数码，可体现退位，适用于减法及除法。

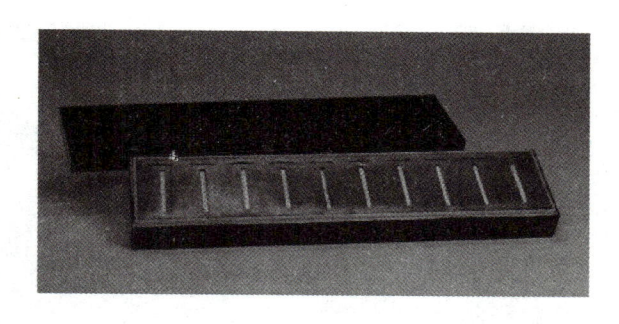

这台计算机黑漆木盒的小抽屉中放着中国式的纳白尔算筹一副。盘式计算机能进行加、减、乘、除运算，如结合着算筹还能进行平方、立方、开平方、开立方等运算。

铜镀金纳白尔筹式手摇计算机，长58厘米，宽12.5厘米，高4.5厘米，清宫造办处制造。

该计算机为长方体形，在计算机上面有10个长方孔，内有10个牙筹，表示10位数。每个长方孔里面放着一个可以转动的圆柱体，在圆柱体上刻着竖式象牙制的纳白尔算筹，算筹上的数字用阿拉伯字码表示。每个开孔旁有一个可转动的旋钮。计算时拨动旋钮，利用齿轮的转动可通过纳白尔筹算方法进行加、减、乘、除的计算。

紫禁城中所珍藏的这些手摇计算机，不仅在中国科学史上，就是在世界上也十分罕见，是极为珍贵的科学文物。

雕塑藏品

雕塑是造型艺术的主要门类之一，是雕刻与塑造的总称。雕刻多施于木、石、金属等材质之上，塑造则以泥土为主要材料。明朝

主要的雕塑主题与佛教相关，观音雕塑尤为多，其余还有罗汉、尊者等其他神佛雕塑。这些雕塑因为寓意吉祥，非常受皇宫贵族的喜爱。

到了清朝，雕塑的种类就更加丰富，出现了一些类似玩具的雕塑，如一些人像、动物泥塑、木塑等，体积不大，做工比起观赏雕塑要简单许多，但色彩鲜艳，常供宫中的小孩把玩。现在故宫博物院中珍藏着许多明清时期的雕塑作品。

明代福建德化窑瓷塑代表人物何朝宗所制作的达摩渡海像是当时瓷雕作品中的代表作。

中国的艺术创作，在塑造人物时不同于西方讲究的写实，而是强调人物形象的传神。传神是中国艺术家追求的最高境界，也是衡量艺术品成功与否的标志。何朝宗的达摩渡海像就是通过艺术手法成功地将人物的精髓、内涵表达出来的雕塑作品。

达摩也称达磨，为"菩提达摩"的简称，是中国佛教禅宗创始人。南宋时期，达摩从古印度航海到广州，因与梁武帝面谈不和，遂渡江北上，先到洛阳，后住嵩山少林寺。传说他曾在嵩山面壁九年，修道参禅，最终大彻大悟。何朝宗根据人物的身份与经历，把握整个人物的精髓部分，从而赋予雕塑独特的"精神"，以达到传神的境界。

达摩渡海像通高42厘米，表现了达摩渡海时身着长袍，拱手胸前，双眉紧锁，长耳下垂，赤足立于海浪之上的整体形象。胎体厚重，洁白坚实，外表施白釉，釉面纯净莹润，呈象牙白色；内壁半釉，座底露胎，胎内坚细，背部钤方形阴文篆书"何朝宗印"四字印。作者以其精湛娴熟的雕工，成功地塑造了一位容貌威严、身材伟岸、器宇轩昂的圣僧形象。

到了清康熙、雍正、乾隆几朝，开始时兴泥捏塑像。这时的泥捏塑像已由前代的以神仙、道教、佛教等题材为主，发展到能根据社会上各种人物的表情动态、性格特征，捏塑成栩栩如生的人物肖像。现今故宫博物院内珍藏的一尊泥塑雍正像，就是其时的代表作，也是目前仅存的一尊封建皇帝的泥捏塑像。

泥塑雍正像通高32厘米，与清宫收藏的雍正画像极为神似，面颊清瘦，白面朱唇，神情中流露些许笑意。头戴盘龙结秋帽，头后梳辫，身穿石青云纹对襟长袍，衣纹简练流畅。足蹬蓝色朝靴，端坐于檀香木的圈椅里，形象生动传神。

据《清史稿》记载，雍正帝"生有异征"，"相貌魁梧"，与这尊泥塑所展现的形象相差甚远。这尊泥塑的雍正帝的眼睛是左大右小，十分明显，这大概就是《清史稿》中所说的"生有异征"。但《清史稿》中所记述的"身材魁梧"这一特征，从塑像中却丝毫没有看出来，塑像所展现的更多是"文弱"。造成这种差异，究竟是《清史稿》中的记载夸大，还是这尊泥塑雍正像失真，现在也无从得知了。

此尊泥塑雍正像原藏在清代敬奉祖先图像的景山寿皇殿——这里还珍藏着雍正帝的其他御用器物，由此可知清代皇室对此像十分重视。此像是养心殿造办处从苏州招募的捏像人捏制的，得到皇家承认，才流传至今，是难得的泥塑艺术品。

清朝时期，宫中也藏有一些平民气息浓厚的雕塑藏品，其中最具代表性的就是兔儿爷泥塑。

《燕京岁时记》中记载："每届中秋，市人之巧者用黄土抟成蟾兔之像以出售，谓之兔儿爷。"兔儿爷为中秋节的传统玩具，源于中国传统的祭拜月神的活动。传说月宫中有嫦娥和玉兔,玉兔捣药为天下百姓治病去灾,人们据此塑造了多姿多彩的兔儿爷形象。清宫中的兔儿爷也是从宫外购买的。宫中购买的这些彩绘泥塑兔儿爷造型各不相同,但都具有三瓣嘴、长耳朵等主要特征。

下面以清晚期一款高30厘米,长21厘米,宽9厘米的兔儿爷泥塑为例来做介绍。此款兔儿爷泥塑粉底彩绘,头戴绿色头巾,身披红袍,手持捣药杵,端坐在莲花堆上,模拟了关公的形象,英姿飒爽。莲花为中国传统纹样之一,是高洁雅致的代称,底座通体的绿色有勃勃生机之意,莲花反复缠绕,喻义子孙"连绵不断"。此兔儿爷通体色彩艳丽明快,造型别致,表现了人们世代追求美好生活的愿望,是当时极受欢迎的样式。

除这些用作装饰和表达吉祥寓意的雕塑作品以外,紫禁城中还藏有供玩耍用的雕塑。这些泥塑玩具多是给宫中的小孩子解闷用的小玩意儿,也是从宫外购得,做工并不精细,却是孩子们的"宝贝"。

清朝时,流行一种叫傀儡人的玩偶。傀儡人一般结构简单,多以泥塑人头,以布做身和双手,粗棍控制身体,细棍操纵双手动作。傀儡人以表演动作为主,由于操作需要训练,所以在宫中通常是有专人舞动的,以供观看。溥仪所写的自传《我的前半生》中就有太监为溥仪演木偶戏的记载。现在故宫中还珍藏着其中一款高约40厘米的傀儡人。

清晚期,受外来文化的影响,宫中的玩具种类中也开始出现一些"洋玩意",如一些样子滑稽的小丑木偶。17世纪初,意大利所制作的驼背小丑，以木偶戏剧的形象引起人们极大的兴趣后，在此基础上先后又制作出了提线木偶。当这些提线木偶进入清宫后，滑稽小丑的尖鼻、大嘴形象和怪异的服装与宫中司空见惯的长袍马褂装束形成强烈反差，使在清宫中过着单调生活的孩子们体会到了"新奇"的感受。

紫禁城的雕塑藏品还有许多许多，这些藏品或是稀世珍宝，或只是一件不起眼的小物件，却都包涵了某个时代独有的文化内涵、政治面貌以及风俗习惯，反映出当时宫廷，甚至是整个社会的生活面貌。

珍宝的修复

紫禁城历尽沧桑，随着时代的更迭，其中的珍宝亦随着紫禁城的飘摇留下了一些"时代的印记"。新中国成立后，为了让紫禁城中的藏品重焕当年风采，自1950年起，故宫博物院组建了文物修复工厂，着手对文物进行有效的保护和修复。下面，我们就为大家简单介绍几件藏品的修复工作。

先说说"御制题五经萃室岳珂宋版五经"书套的修复工作。在说修复工作之前，要先向大家解释一下这件藏品的由来。乾隆四十年（公元1775年），乾隆命大臣将昭仁殿中的藏书重新整理，剔除赝刻，编成《天禄琳琅书目前编》十卷，记载了每一部藏书的刊印年代及流传、收藏、鉴别等情况。乾隆四十八年（公元1783年），乾隆皇帝认为南宋岳珂所校刻的《周易》《尚书》《诗经》《礼记》《春秋》五经十分重要，命诸臣在昭仁殿后室特辟一小室，赐名"五经萃室"，御题匾额，悬于室内，并设围屏，上刻"五经萃室记"，旁有联曰：有秋历览登三辅，旰食惟期协九经。"御制题五经萃室岳珂宋版五经"也就由此而来。

"御制题五经萃室岳珂宋版五经"由三部分组成，内有玉册，外面是一部云头书套，书套的外面还有一个木匣。书套内层使用的材料是四合草纸板，由于长时间受潮，纸板已严重开胶，内层呈现出泛白的斑块。书套外层糊制的锦料大多与纸板分离、变色，绫子也大多开胶分离。云纹边缘的包条已经脱落。整个书套破损十分严重并已经断裂为四部分，其中还缺失一块侧面的堵头。

据故宫博物院给出的资料，修复工作分如下几步：

第一步，调制出比较黏稠的糨糊，把已经完全开裂的纸板粘贴在一起，未完全断开的纸板则使用工具把浆子填充到纸板深层的开裂部分，对齐口沿、粘实、压平。

第二步，把书套各部分的锦面、绫子面与纸板分离的部位粘牢，但各板块接缝处要预留出约1厘米的宽度，不予立即粘接，为以后各相邻的板块粘接组合时使用。

第三步，用纸条把接缝处固定下来，待干燥以后再粘接锦面。书套主体部分与两侧小板块连接时，用主体部分多留出的锦料搭在侧面的板块上，然后再单用一块锦包裹侧面的堵头。同样，堵头的另一侧也留出1厘米的宽度，搭在两侧的云头纹板块上。

第四步，等待锦面完全干燥以后，再按照上面的粘接方式和程序依次粘接书套内层的绫子纸。这种靠内外两种面料粘接起来的书套，其接口处不会再轻易断开。

第五步，书套上的云头纹块是由三个板块组成一个平面，各板块之间的接触、咬合须严丝合缝。先把破损断裂处粘贴修补好，压平、压实，待干燥后再用原始包边条粘贴在云头纹块边缘的裸露部位。

第六步，书套全部修好以后，再用平木板及重物压在完全展平的书套上面，以防止书套因受潮或受力不匀而出现走形、弯曲的现象。

修复"御制题五经萃室岳珂宋版五经"并不是特别的复杂困难，但需要极大的耐心与细心，有时一点疏忽，就可能使整个修复工作功亏一篑。

清宫的旧藏中，有一件重量级的藏品，那就是"乾隆大阅甲胄"。乾隆大阅甲胄是乾隆皇帝检阅八旗军队时所穿的。乾隆大阅甲胄上衣长76厘米，下摆宽74厘米，袖长87.5厘米；下裳长70厘米，下摆宽57厘米；胄通高31.5厘米，直径21厘米。

甲分上衣、下裳、护肩、护腋、袖、裆等。此甲为明黄缎绣彩朵金龙纹，下为海水江崖，衬月白绸里。甲面有规则的金帽钉。衣正中悬钢质护心镜，镜四周饰鋄金云龙纹。两袖用金丝编织，袖口月白缎绣金龙。下裳分左右，腰以布相连，裳面以金叶片、金帽钉、彩绣龙戏珠纹相间排列。胄，牛皮胎髹黑漆，顶镂空金龙宝盖嵌珍珠，前后梁鋄金云龙纹并饰以珍珠，梁中饰金刚石臘蛇。胄体有镀金梵文三重计四十四字，间金璎珞纹。据《清内务府档案》载，胄镌梵文，意为"心咒诅念观世音菩萨"。胄上植缨，缨顶端金累丝升龙托大东珠，缨管饰金蟠龙纹，四周垂大红片金、黑貂缨24条。

乾隆大阅甲胄原计划于2002年7月至9月在英国爱丁堡举办的"乾隆皇帝与清宫艺术展"中展出。但故宫博物院的保管人员清点文物时，发现其破损非常严重：主要是整套服装的黑色丝绒镶边（共23米）已经残缺不全，绒边炭化，呈粉末状大面积脱落。里和面的缝合处多处开线，有些部位的绒虽未脱落，但强度极差。脱落的碎绒表面看似强度还可以，但用手轻轻一捏，即呈粉状。

在经过充分的研究和论证后，故宫博物院的修复人员决定先对尚未脱落而十分脆弱的旧绒用南京博物院研制的丝网作为加固材料进行加固处理，将脱落的碎绒归位还原，然后对于缺损部分用同质地的绒填补，最后通过协调处理，使其整体基本保持一致。

根据故宫博物院给出的资料，主要修复工作分如下几步：

第一步，缝合。甲胄的绒与里衬是缝合在一起的，一旦绒破损，面和里的缝合处必会多处开线，又因其中间衬有丝棉，整体感觉较僵硬，缝合的难度也就可想而知了，因此，操作时在不损伤原绒的前提下，应按照原有的针孔，仿照原来的针法缝合，如此可保持其整体的一致性。

第二步，补配。由于原有的绒已经大面积地脱落，因此，必须用脱落的碎绒在原绒残缺的地方进行合理的拼对、粘接，将起翘部分用黏合剂粘接。传统工艺所使用的黏合剂是糨糊，但糨糊极易生虫、发霉，粘接强度差，粘接后的服装整体效果不佳，所以实际操作中，修复人员采用了聚乙烯醇黏合剂。聚乙烯醇黏合剂既克服了传统糨糊的不足，又具有固化时间短、牢固性强的优点。因脱落的碎绒不能完全补足残缺之处，为了体现服装的完整性和保证展出的效果，必须补配一部分新绒。需要补配的新绒应与旧绒的质地相同，并符合"不改变文物原状"的原则。

第三步，加固。衣服四周所镶的黑绒边与衣服上的丝边间有一条窄窄的黄缎面，用聚乙烯醇缩丁醛树脂把丝网的一边固定于此。丝网的另一边用电熨斗熨烫，使丝网与里衬粘接在一起。丝绒面上的丝网切忌用熨斗熨烫，以免将绒毛熨倒。只能将熨斗贴近丝网，用熨斗的余热将丝网表面的树脂熔化，这样既能对绒面起到加固作用，又不会改变丝绒的外观和质感。在用丝网进行加固时，要注意避开绒面附近的铜钉和盘扣部分。黑色丝绒的表面覆盖了一层很细的白网后，黑白对比明显，对展出效果有一定的影响，所以必须对网面进行处理，以消除颜色上的反差和网面所产生的光泽，尽可能减少文物外观的变化。

乾隆大阅甲胄的修复工作是极为复杂和困难的。在当时国内外均没有这一类文物的修复先例。故宫博物院的修复人员自己摸索方法，经过多次实验、练习，最终制定出了一套精准细致的修复步骤，并经过众人的努力工作，使这件经过岁月无情洗礼的甲胄得以恢复昔日风采，在国外的展览上大放光彩，展现出中国历史文化的无穷魅力。

故宫中还有许多藏品是经过修复工作得以恢复的，如前面曾介绍过的《五牛图》。这些稀世珍品，不仅最初的创作令人们叹服、追捧，后续的修复工作同样可以称为"鬼斧神工"，值得世人称赞。

第四章 紫禁城里无限事

紫禁城这座象征着无上地位而又充满神秘感的皇城，有着不亚于城外的纷乱关系和复杂的运作系统。城中的人纷纷杂杂，城中的物件巧妙奇特，就连动物在这里都可以齐聚一堂，成为宫中不可或缺的一景。紫禁城历经明、清两朝，两朝百姓大多数一生都没见过紫禁城里面的样子，不知道里面曾发生过哪些事情。而如今，我们可以大大方方地进入这座"皇城"，去参观城中的景物，领略城中的风采，说一说城里那些不得不说的事儿……

玺印制度

玺印，《释名》解释为："玺，徙也，封物使可转徙而不可发也。印，信也。所以封物为信验也。亦言因也，封物相因付。"玺印是凭证工具之一。国家、官吏与个人在社会生活中皆须以印记为凭证，于是官、私玺印产生了。玺印大约始自东周，代代相承，未曾间断。不过，从秦始

皇开始，规定只有皇帝印才可称"玺"。明清时期玺印常称为"宝"或"御宝"，而玺印对于皇帝来说，是身份的证明，也是行使皇权的工具。

历史上，最有名的玺印要属秦始皇的"传国玺"。相传，秦始皇的传国玺是用稀世美玉和氏璧制成的，上刻"受命于天，既寿永昌"八个字，欲以传给后世子孙，代代不止。不过秦始皇的美好愿望到了第二代就破灭了，"传国玉玺"也随着王朝更替而漂泊于世，几经易主，直至最终失去踪影。历朝历代总会传出复得"传国玉玺"的消息，但大多都是伪造之物。到了明清两代，对于"传国玉玺"的执着也像历朝历代那样深刻，开始自制玺印。

明洪武元年（公元1368年），有一商贾献上一块于阗（和田）美玉。明太祖命人用这块美玉制作了一颗玉玺和一柄圭（古代帝王或诸侯在举行典礼时拿的一种玉器）。第二年，又制成御宝6颗，白玉、青玉各3颗，其名分别为"天子行宝""天子信宝""天子之宝""皇帝行宝""皇帝信宝""皇帝之宝"。此后，又陆续制作过多方宝玺。仅洪武年间，就共17颗，不过《明史》上有记载的只有16颗，分别为："皇帝奉天之宝""皇帝之宝""皇帝行宝""皇帝信宝""天子之宝""天子行宝""天子信宝""制诰之宝""敕命之宝""广运之宝""皇帝尊亲之宝""皇帝亲亲之宝""敬天勤民之宝""御前之宝""表章经史之宝""钦文之玺"，另一颗信息不详。到了嘉靖十八年（公元1539年），又增制了七方宝玺，分别为"奉天承运大明天子宝""大明受命之宝""巡狩天下之宝""垂训之宝""命德之宝""讨罪安民之宝""敕正万民之宝"，与原十七宝，合为二十四御宝。这二十四御宝成品均由内尚宝监收掌。

　　明朝的24颗宝玺在明正德年间遭遇火灾，受了一定损害。据明朝沈德符所著的《万历野获编》记载："御宝凡十七，正德九年甲戌大内遭火，宝玺散佚，至嘉靖四十五年之冬，则世宗已不豫久矣，乃下诏曰：'先朝甲戌遇灾，御宝凡六，其五已遭毁，命所司觅美玉补造。'想十七宝者，大半范金为之，而此六玺乃玉制耶？"

然嘉靖十八年，上又添制七颗，合之世守者为廿四矣，辛酉西苑火灾，则历代所传尽付煨烬，所少奚止五宝，意者圣主讳言，而托之甲戌耶？"看来，明朝的这二十四御宝已非完璧。

再说说清朝的宝玺。清朝与宝玺的渊源还得从入关之前说起，当时多尔衮征讨蒙古察哈尔部，幸得元朝的传国宝玺。清太宗称帝后，将此方宝玺制成了青玉"皇帝之宝"等玉玺，玺面唯用满文。之后历代皇帝又有所添造，将玺文改为兼用满汉双语。不过清朝初期的宝玺章式缺乏统一性，直到乾隆十一年（公元1746年），清高宗厘定本朝宝玺制度，特定《交泰殿宝谱》，宣称"君人者在德不在宝，宝虽重，一器耳，明等威，徵信守，与车旗章服何异？德之不足，则山河之险，土宇之富，拱手而授之他人，未有徒恃此区区尺璧足以自固者"。因此，本作为放置收藏宝玺的交泰殿进行了一次"大清洗"，像所谓的"秦玺"等都再无资格进入交泰殿，交泰殿只放置本朝的25颗宝玺。

据《交泰殿宝谱》，25颗宝玺分别如下。

大清受命之宝：以章（章，通"彰"，彰显之意）皇序，白玉质，盘龙纽。

皇帝奉天之宝：以章奉若，碧玉质，盘龙纽。

大清嗣天子宝：以章继绳，金质，交龙纽。

皇帝之宝：以布诏赦，青玉质，交龙纽。

皇帝之宝：以肃法驾，旃檀香木质，盘龙纽。

天子之宝：以祀百神，白玉质，交龙纽。

皇帝尊亲之宝：以荐徽号，白玉质，盘龙纽。

皇帝亲亲之宝：以展宗盟，白玉质，交龙纽。

皇帝行宝：以颁锡赉，碧玉质，蹲龙纽。

皇帝信宝：以征戎伍，白玉质，交龙纽。

天子行宝：以册外蛮，碧玉质，蹲龙纽。

天子信宝：以命殊方，青玉质，交龙纽。

敬天勤民之宝：以饬觐吏，白玉质，交龙纽。

制诰之宝：以谕臣僚，青玉质，交龙纽。

敕命之宝：以钤诰敕，碧玉质，交龙纽。

垂训之宝：以扬国宪，碧玉质，交龙纽。

命德之宝：以奖忠良，青玉质，交龙纽。

钦文之玺：以重文教，墨玉质，交龙纽。

表章经史之宝：以崇古训，碧玉质，交龙纽。

巡狩天下之宝：以从省方，青玉质，交龙纽。

讨罪安民之宝：以张征伐，青玉质，交龙纽。

制驭六师之宝：以整戎行，墨玉质，交龙纽。

敕正万邦之宝：以诰外国，青玉质，盘龙纽。

敕正万民之宝：以诰四方，青玉质，交龙纽。

广运之宝：以谨封识，墨玉质，交龙纽。

清朝的宝玺定为25颗是有原因的，最主要的原因是依据《周易》中"天数二十有五"之义，定为25颗。除此之外，据说还有一个原因。乾隆皇帝并不像历代皇帝相信自己的王朝可以绵延万世，在这方面，他很清醒，甚至曾写过："敬思自古以来，未有一家恒享

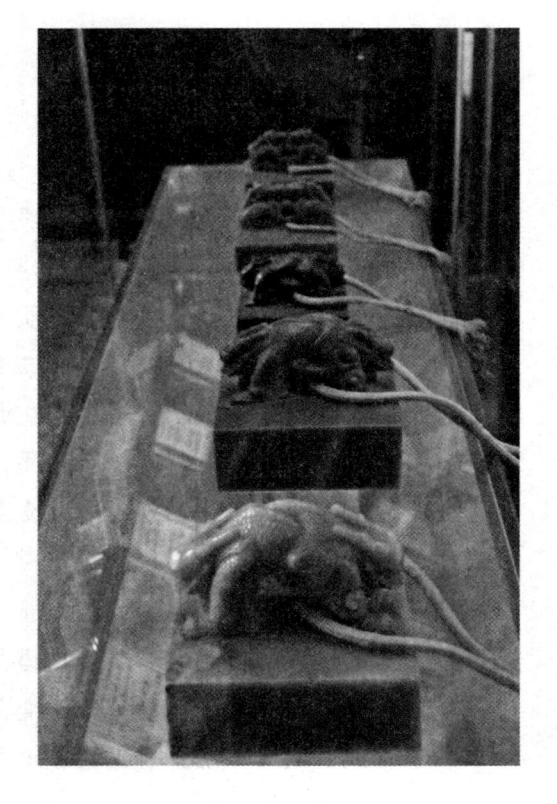

昊命而不变者。"在中国古代所有的王朝中，只有上古周代最长，延续了25世。乾隆选定25颗宝玺，大概也是希望清王朝可以延续25代吧。

每年的岁末和新年的年初，宫中会进行一番郑重的封宝和开宝的仪式。仪式上，这25颗宝玺也就成了主角。封宝当日，将每颗宝玺予以缄封；开宝之日，在钦天监（观察天象，推算节气，制定历法的官员）选定的吉时，将25颗宝玺开封，陈列于交泰殿的黄案上。皇帝面对陈列宝玺的案桌，拈香九叩，以祈岁内诸事吉祥。礼毕之后，交泰殿首领太监再恭敬地将宝玺收贮于专门的匣子内。

除了封宝和开宝，还有"请宝"一说。这又是怎么回事呢？原来，皇帝不论是巡幸还是到圆明园暂住，只要是出宫，就要携带宝玺，出行之日，满人内阁学士会率典籍官在乾清门外恭候交泰殿的首领太监将宝玺捧出，这也就是"请宝"。不论是出行还是归来，宝玺都要先行。在御驾前数刻到达，先由等候在那里的汉内阁学士将宝玺接过来，交予管宝太监，管宝太监再将宝玺郑重交回交泰殿收藏。

除25颗宝玺外，还有乾隆以前历朝所制的宝玺10颗，分别是：碧玉"大诏受命之宝"，青玉"皇帝之宝"，碧玉"皇帝之宝"，栴檀香木"皇帝之宝"，金"奉天之宝"，金"天子之宝"，碧玉"奉天法祖亲贤爱民"，青玉"丹符出验四方"，青玉"敕命之宝"，金"广运之宝"。这10颗宝玺并不属于25颗宝玺之列，但又不便与其他珍玩之器并列，清高宗便下令将它们收贮于盛京（今辽宁省沈阳市）皇宫。

明清两代册立皇后时，宝玺也是重要的凭证之一。

明朝册立皇后以册、宝为信。皇后之宝为金质龟纽（形状似龟的印纽），依照周尺标准，方五寸五分，厚一寸七分，印文曰"皇后之宝"，用篆书。皇后之册也是金质，分两片，以红绦相连，册页上镌有册命之文，用真书。

清朝与明朝一样，立皇后以金册、金宝为信。金宝较之明朝要小一些，方四寸四分，厚一寸二分，交龙纽，印文曰"皇后之宝"，用满汉合璧玉筋篆文。

皇室将册与宝当作身份证明，极为看重。皇帝、皇后等人死后还要制作玉、木、纸等质地的册、宝，上面会载有其庙号尊谥，称为"谥册""谥宝"，分别用于宗庙陈设、随葬、焚化等。

玺印制度是明清皇权的体现，反映出当时皇家的各种制度以及礼仪，是现今研究历史的重要历史文物。除此之外，历代宝玺的制作工艺极为精良，这也让宝玺同时成了不可多得的优秀艺术品，使其不仅在历史洪流中熠熠生辉，在现代社会依旧散发着独一无二的灿烂光辉。

皇室服饰

中国自古以来，就可从服饰的区别体现出不同的等级与身份。对于皇室来说，服装、配饰已经不仅仅是用来御寒或是为了满足对美的需求，而是成为一种象征、一种礼仪的需求。明清两朝皇帝十分重视皇室自身冠服制度建设，追求"明辨等威"。

朝廷通过对颜色、质地、纹样、尺寸等若干方面的限定，制定出一套对服饰严格要求的制度，以此来体现皇家的权力与威严。

明太祖朱元璋对元朝恨之入骨，所以建立明朝后，他针对元朝遗留的"胡俗"影响，下令"复衣冠如唐制"。明朝皇家服饰制度基本确立。与此时期，明成祖在位期间做过若干更改，嘉靖时期又以"尊祖制""循古礼"的名义，对衣冠制度做了一些修订、补充。

下面以明朝皇帝最高级的礼服——衮冕为例，详细介绍一下明朝皇室服饰。衮冕用于天地、宗庙祭祀以及正旦、冬至、万寿节等重大朝会和册封典礼，分为冕冠和衮服两部分。

冕冠的冕版长二尺四寸，宽一尺二寸，冠为玄色，内为红色，前后各垂 12 旒，每旒串五彩玉珠 12 颗，冕版前弧圆后方。红丝线为缨，黈纩（黄绵所制的小球）垂于两耳旁，玉簪穿导。永乐三年（公元 1405 年）对冕冠制度做了详细规定："冕冠，十有二旒，冠以皂纱为之，上覆曰綖，桐板为质，衣之以绮，玄表朱里，前圆后方，广一尺二寸，长二尺四寸（周尺）。前后各十有二旒，每旒各五采缫，十有二就，贯五采玉珠十二颗，赤白青黄黑相次，以玉衡维冠，玉簪贯纽，纽与冠武并系缨处皆饰金，綖之左右垂黈纩充耳（用黄玉），系以玄纮，承以白玉瑱，朱纮。"嘉靖八年（公元 1529 年），改定冕冠圆匡罩以乌纱，垂旒改为七彩玉珠 12 枚，青纩充耳缀玉珠两枚。

冠服在洪武年间分上衣和下裳，衣为玄色，裳为纁色（黄红色），饰有十二章纹：衣上织（最开始为画）有日、月、星辰、山、龙、华虫六章图案；裳绣宗彝、藻、火、粉米、黼、黻六章图案。据说

各有含意：日内画金鸡；月内画玉兔；星辰画北斗七星或三颗星，喻义"照明"；山画山形，喻义"镇"；龙取其变；华虫画雉，取其文绘；宗彝画虎和蜼（一种长尾猴）二兽，喻义"孝"；藻画水草，喻义"洁"；火画火焰，喻义"明"；粉米画碎者为粉，整者为米，喻义"养"；黼形若斧，颜色半黑半白，喻义"断"；黻形若两弓相背，半黑半青，喻义"辨"。一些研究资料对冠服有详细的记载："素纱中单，红罗蔽膝，绣龙、火、山三章。革带，佩玉，长三尺三寸。大带素表朱里，大绶六采，用黄白赤玄缥绿六色。小绶六色同大绶，间施三玉环，朱袜赤舄。玉圭，长一尺二寸。"永乐三年（公元1405年）改制，玄衣织八章，日、月、龙三章在肩，星辰、山在背，火、华虫、宗彝在袖；𫄸裳织四章，藻、粉米、黼、黻各二；裳裙式，前三幅，后四幅，前后不相连，共腰，有襞积（古代衣袍上的褶皱）。蔽膝𫄸色，织藻、粉米、黼、黻四章。赤色袜舄。通身饰珩、瑀、璜、琚、冲牙等。手摺玉圭。玉圭长一尺二寸，尖头方尾，上刻四山以象四镇，用黄绮束圭下部装于饰金龙之韬囊中。之后，嘉靖年间曾对此稍作修改。

除了衮冕，皇帝还有许多服饰。例如参加皇太子及诸王的冠礼和婚礼，皇帝会穿通天冠服；皇帝亲征或命将时，会穿武弁服；若是平时，则穿常服。

明朝后妃冠服种类没有皇帝多，仅分为礼服和常服，而根据嫔妃等级不同，礼服与礼服、常服与常服之间也有区别。另外，皇太子、亲王、公主，以及亲王以下的郡王、将军、中尉，公主以下的郡主、县主、郡君、县君、乡君等品秩，他们及其配偶也各有定制的冠服。

清朝冠服明显保存满族旧制，不沿用历代王朝常用的衮冕、皮弁等服饰。最有清朝特色的是缀有红缨的覆钵形夏冠和摺檐的冬冠。夏冠与冬冠均以顶子做等级的标志。此外还有披肩和箭袖（俗称马蹄袖），这种清朝特有的服饰特点在诸多影视剧中可略见一斑。

清代的冠服制度，按等级分为皇帝、皇子、亲王、郡王、贝勒、贝子、额驸（满语，即驸马）、公、侯、伯、子、男、将军、一至九品官等多层。每一等级又各有冠、服、带、朝珠（文五品、武四品以上等官用）等规定。皇太后、皇后、妃嫔以下至公主、福晋、夫人、命妇等，她们的冠、服、朝珠及其他装饰，也各有不同的规定。

皇帝的冠服按不同用途，分为多种，规格最高的礼服是朝服，包括端罩、衮服，是举行大典时穿的；规格稍次的是吉服，又称龙袍；日常穿着的是常服；巡狩时穿用的是行服；还有雨服等。冠则有朝冠、吉服冠、常服冠、行冠等多种。这些冠服还有冬、夏之分。

下面以冬朝服为例，为大家详细介绍。朝服在冬季穿着时常要在外面套以端罩。冬朝服的端罩是用紫貂或黑狐皮造的外衣，毛面呈黑或褐色。朝服的披领及裳为紫貂皮，袖端是薰貂皮。衣表面为明黄色，右衽，上衣下裳相连，箭袖。其前、后胸部和两肩各绣正面龙1条，腰围处绣行龙5条，衽绣正龙1条，襞积前后各绣团龙9条，下裳前后共绣正龙2条、行龙4条，披领绣行龙2条，两袖端各绣正龙1条，总计朝服上共有正面团龙27条、行龙11条，前后列十二章。清代只有皇帝的朝服、吉服才有十二章。

皇帝穿朝服时，腰间要系朝带。朝带有两种：一种用于大典，为明黄丝织带，带上用龙纹金圆版四块，中间嵌宝石、东珠；一种用于祭祀，带上用龙纹金方版四块，嵌以东珠及各色玉、石。朝带并有垂带物品，即左右佩帉（折叠起来的绸条）、囊（荷包）、燧（火镰）、觿（解结的锥子）、鞘刀等。

再讲讲大家常听到的"龙袍"。龙袍又称吉服，是仅次于朝服的一种高级别服饰。以乾隆时期的一件吉服为例。同朝服一样，为右衽、箭袖。吉服显著的特点是衣整体为明黄色，领、袖为石青色。吉服的纹饰不仅有十二章，还绣有九条龙。龙纹分布前后身各三条，两肩各一条，里襟一条。龙纹间有五色云。十二章分列，左肩为日，

右肩为月，前身上有黼、黻，下有宗彝、藻，后身上有星辰、山、龙、华虫，下有火、粉米。下幅绣八宝立水纹，下摆为五色彩带，与海水江崖组成。穿吉服时，外面罩衮服，挂朝珠，佩吉服带。

吉服带与朝带颜色相同，形制相似。带上的四块金版嵌珠宝随意，带端的一块版为带扣。

皇室的服饰是皇家显示权力、地位的一种手段，相较御寒与美观的功能，更注重的是服饰上蕴藏的各种喻义。

后宫佳丽与选秀制度

据说，皇帝有三宫六院、七十二妃嫔、后宫佳丽三千等。这些传言真实吗？这些妃嫔、佳丽又都是从何而来呢？

其实，说后宫有佳丽三千有些夸张，但所表达的意思却丝毫不差。清朝时期，为了让皇帝后宫充实，有众多妃子可以帮皇帝绵延子嗣，特意制定了一个制度，那便是"选秀制度"。选秀女可以说是清朝皇宫充实后宫的主要方法。

选择作为后妃的秀女有严密的定制。秀女一般从满、蒙八旗中遴选（后来汉人官员子女也需参加遴选）。凡年龄在13至16岁，身体健康无残疾的旗籍女子，都必须参加阅选。甚至在嘉庆六年（公元1801年）以前，公主下嫁所生之女也是不能例外的。秀女年满13岁称"及岁"，超过16岁称"逾岁"。"逾岁"者一般不再参加挑选。不过，关于年龄问题，随着清朝的发展，也一直在变化。据清宫档案记载，到清末光绪年间，最小的是11岁，大的可达20岁。

参加阅选是硬性规定，如因故未能参加阅选者，则必须参加下届阅选，否则即便年满20岁也不能出嫁，违者将受惩处。凡应选的旗女，在未阅前私自与他人结婚者，也将由该旗都统参查治罪。如若真是因为身体残疾等原因不能参加阅选，也必须通过各旗层层证实，将确认后的事实呈报本旗都统，然后由都统咨行户部上奏皇帝，才能免选。

从某种意义上来说，选秀制度突出了皇权至高无上的体制。因为选秀制度所造成的事实就是：天下女子必须由皇帝挑选剩下后，才有资格另许他家。

挑选秀女由户部主办。据清人所著的《养吉斋丛录》可知，清朝中期遴选秀女的过程是：各地候选女子来到北京，入地安门，进神武门，最后至顺贞门外恭候。由户部官员管理，分五人一班接受挑选，初选后还有复选。这和现在的一些"选秀"形式颇为相似。

秀女遴选的具体过程：挑选八旗秀女时，每日选两旗，一般是先满族，次蒙古族，最后才选汉族的女子。挑选之前的一天，该旗参领、领催等先安排车马（一般选用骡车），如挑正黄、镶黄两旗，则正黄之满、蒙、汉分三处，每一处按年岁，分先后排定。首先是正黄旗的满族先行，继而是蒙古族、汉族。接着是镶黄旗的满族、蒙古族、汉族，贯鱼衔尾而进。这时一般是早上，迎着朝阳而出，等到中午时,车马便已经从后门至神武门外。接着,秀女们在此下车,依次而入。秀女们所乘的车不会离开,而是由神武门夹道出东华门,由崇文门大街直至北街市,绕入后门而至神武门,等到遴选结束,再将秀女接走。

应选秀女在神武门下车后,按次序由太监们从旁门引入,到顺贞门前集齐,再按事先排好的名单顺序,进顺贞门备帝后们选看。选看时,备选女子要按谕旨六人一排,只有容貌秀丽、举止端庄的女子方能入选。入选的秀女还要定期复看,直到复看合格后才能留在宫中。

被选中入宫的秀女到一定年龄(一般是25至30岁),如果未被皇帝看中,可以被放出宫去;如若被皇帝看中,那么一直到死,都不能离开紫禁城半步。被皇帝临幸过的秀女均要授以封号,秀女们初得的封号一般是答应、常在、贵人或嫔,以后可逐级晋封。最末位为答应(答应之下的级别一般是从宫女晋级的官女子),最高位便是皇后了。

清朝除选秀女外，也选宫女。有的宫女入宫以后，还可晋封为内廷主位。宫女，指在宫中供役使的女子。宫女的上层，为宫中女官。

明朝与清朝有些不同，挑选宫女皆奉钦命而行。如洪武十四年（公元1381年）下令从苏州、松江、嘉兴、湖州等地及浙江、江西二省选民间13岁以上19岁以下女子以备后宫，选30岁以上40岁以下无夫妇女以充女官。

清朝选宫女的具体做法与选秀女大体相同。不同的是，宫女是在内务府包衣、佐领下的女儿中，每年引选一次，由内务府会计司主办。她们在宫中的地位无法和秀女相比，主要是供内廷各宫主们役使，除非被皇帝临幸，才有机会从宫女升为官女子，再逐级升为答应、常在等。

明清两朝关于后宫妃子与宫女都有明确的等级制度。明朝的妃号有贤、淑、庄、敬、惠、顺、康、宁等。诸妃中以皇贵妃位次最高，仅次于皇后，贵妃为第三。宫人名号有宫人、选侍、才人、淑女等。

清朝皇帝的正妻称皇后，居中宫，主内治。以下为皇贵妃1名、贵妃2名、妃4名、嫔6名，分居东西十二宫，协助皇后主内治。嫔以下还有贵人、常在、答应三级，均无定额，随居东西各宫，勤修内职。不过，从清朝历史上来看，除皇贵妃、贵妃之外，还有其他妃号，如庄妃、瑾妃、珍妃等。

明清两朝，选入宫中的秀女、宫女不计其数，但拥有妃位的人数有限，致使后宫也如前朝一般明争暗斗，为了爬上更高的位置而使尽各种手段争宠，排除异己，也造成了后宫许多女人的悲剧命运。

秀女们的终极目标是皇后之位。秀女如若被选中做皇后，需行大婚礼。届时要举行许多规模隆重的典礼活动。下面，为大家介绍一下清朝皇帝皇后大婚的具体流程。

首先，要由翰林院翰林撰写册文、宝文，礼部制造金册、金宝，

然后备办彩礼等。接着，就要挑选吉日派使臣持节到皇后家行具有订婚意义的纳彩礼，也就是去"提亲"。准备这一次礼还不够，迎娶皇后入宫之前，皇帝还要再备办迎亲礼物，派使臣持节到皇后家行纳征礼。

行册立礼的前一天，皇帝要遣官告祭天地和太庙（皇帝的宗庙）。奉迎之日，皇帝要身穿礼服先到皇太后的宫中行礼，再到太和殿举行大朝，然后回到自己的宫中。接着，正、副使持节去皇后府邸行册立之礼，行完礼后，才会奉迎皇后入宫。

皇后乘坐凤舆（凤辇，古代帝王的车乘），在长长的仪仗队的护送下，风风光光地进午门，经太和门、中左门、后左门、乾清门，至乾清宫（顺治、康熙时至太和殿阶下）停下。皇后到这里需要下凤舆，步行过交泰殿，入坤宁宫东暖阁大婚洞房，等候吉时与皇帝进合卺宴，行合卺礼。进行到这里，这一天也就要结束了，但是整个大婚却没有结束。皇帝和皇后第二天一大早，还要去慈宁宫拜见皇太后。皇帝在太和殿举行庆贺礼，文武百官、外国使臣进表祝贺，皇帝颁诏，布告天下。尔后，皇帝在太和殿，皇太后在慈宁宫设大宴，分别宴请皇后父母等亲眷，赐礼物。至此，大婚礼才算完结。

不过，皇后也有许多时候不是秀女出身。如一些皇帝在继位前就已经迎娶过福晋，以待继位后，会直接册立福晋为皇后。这种情况可以说是清朝最为普遍的。清朝十个皇帝中，只有顺治、康熙、同治、光绪四位皇帝的皇后是秀女出身。

皇室的大婚赐予了后宫女人们一个既遥远又仿佛触手可及的美梦。后宫的妃嫔们都曾幻想着自己乘坐凤舆风光无限地进入这偌大的紫禁城。但清宫的选秀制度却让这美梦禁锢在一个残酷又现实的界限内，美梦最后也终是美梦，等梦醒了，依旧是困在紫禁城中的笼中鸟。

丧礼制度的铺张

中国人自古对死后的事情极为重视，尤其是帝王家，把归西后的事情当作终身大事一样对待。这不仅体现在历代皇帝奢华雄伟的陵墓上，同时也体现在复杂又盛大的丧礼上。

明代皇帝丧礼，又称为大丧礼。整个治丧过程，可分为遗诏、部议和仪注三大部分。清朝的皇帝丧仪，基本上沿袭了明制，但又结合了满族的一些风俗习惯和古代典礼中的制度，分为小殓、大殓、颁发遗诏、奉移梓宫（皇帝的棺材）、安葬等几部分。不管葬礼分为几部分，明清两朝各代皇帝的主题就是一定要彰显其至尊无上的地位，所以丧礼往往也是"炫富"的一种行为，极尽铺张浪费之能事。

皇帝驾崩后，有许多事项需要注意，有许多礼节需要遵守。如大殓后，将大行皇帝（皇帝死后，未上尊谥之前的通称）的梓宫放在乾清宫，王、贝勒、贝子、公、公主、福晋等高级贵族人员各自回家进行斋戒，政府各部院大臣和官员要到本衙门宿舍中集体住宿斋戒，不许回家。至于散闲官员，则齐集于午门斋戒住宿。

斋戒期满以后，王以下文武官员不准作乐，禁止丧服嫁娶活动。在京的军民百姓要在27天中摘冠缨、穿白色的丧服，一个月内不准嫁娶，100天内不准作乐（任何形式的文化娱乐活动，尤其是文艺表演），49天内不准屠宰，27天不准祈祷和报祭。丧服未除前，文件票拟用蓝笔，文件一律用蓝色油墨印刷。总之，宫廷也好，民间也罢，都要进入一种黑白状态。另外，京城自大丧之日起，各寺、观须鸣钟3万次。

大殓结束后，要在承天门前举行颁遗诏仪式。除此之外，政府会向附属国发出告讣敕书。如朝鲜，在清政府发出后文书后，便于次日派出陈慰使赶赴北京，奉表陈慰。

下面，我们以顺治皇帝为例，来了解一下清宫的丧礼的整个过程。

顺治皇帝驾崩当日举行小殓，即为死者穿上寿衣。嗣皇帝玄烨"截发"，只是象征性地剪去一束头发。接着是成服，即穿上孝服。诸王、公、百官、公主、福晋以下，宗女、佐领、三等侍卫、命妇以上者，男的摘冠缨截发，女的去妆饰、剪发。

待到第二日，皇帝遗体入棺，即行大殓。然后把梓宫奉移（移动帝、后的棺木，称奉移）到乾清宫，并在梓宫前设几筵。玄烨早、中、晚一日三次亲临祭奠。三月内，王、公、大臣、公主、福晋、县君、宗室公夫人赴几筵前，副都统以上的满族官员按职位侍立乾清门外，汉族文官在景运门外，汉族武官在隆宗门外，身穿缟素，朝夕哭灵。从第四天起，王公百官斋宿二十七日。然后改为每日哭灵一次，军民除去丧服。在这时，玄烨颁布一套规定，内容就是关于军民百姓，服丧期间不许嫁娶、不许举行娱乐活动等规定。

过了大殓，就须颁发大行皇帝的遗诏，这是全国上下最关心的一个环节。颁诏当天，群臣着素服，在天安门外行三跪九叩礼，听候宣诏。遗诏宣毕后，举哀（办丧事时高声号哭，表示哀悼）。礼部将已经颁布的遗诏用黄纸誊写，再颁发给全国各省。遗诏到了各省后，当地长官率领下属各官及年老绅士穿素服到郊外跪迎，回衙后听宣诏。此后，文武官员及命妇穿丧服27天，男女军民穿丧服13天。其余规定与京师相同。

遗诏颁发之后，便将梓宫移至殡宫——景山寿皇殿。当日，玄烨率领群臣哭送灵舆，途中所过门、桥都要祭酒。梓宫安放寿皇殿后，玄烨须再祭酒，共三祭，一祭一拜。

次日，举行初祭。第三天，举行绎祭（正祭之次日续祭称"绎祭"）。尔后，每满一个月行一次月奠礼；遇清明、中元、冬至、岁除等，也都要去祭奠，直至最后梓宫奉移地宫时行奉移致祭礼。

115

在此期间，身为顺治皇帝儿子的玄烨还为顺治皇帝举行了上谥号和庙号的仪式。谥号是根据死者生前事迹评定褒贬给予的称号，庙号是帝王死后在太庙里立宣奉祀时追尊的名号。顺治皇帝的谥号为体天隆运定统建极英睿钦文显武大德弘功至仁纯孝章皇帝，庙号为世祖。

丧礼进行到此，看似已经告一段落，实则不然，后面还有最后一项，即将梓宫迁入皇陵。陵墓的选定，也是极为重要的事项。当时在位的皇帝会要求内阁拟出若干陵名"进呈"，皇帝会从中亲自圈定一个为陵名。据《清实录》记载，雍正皇帝为其父康熙选择陵名时，内心十分感伤，他一边流着眼泪一边思索和斟酌，最后从内阁草拟的陵名名单中选定"景陵"作为父陵的名号，然后他咬破中指，用鲜血将"景陵"二字圈定，以表示其对父是至孝至诚之心。

顺治皇帝的陵墓选定，定名为"孝陵"后，于康熙二年（公元1663年），梓宫准备从殡宫奉移至陵寝地宫安葬。奉移梓宫至地宫，也同样有着复杂的仪式与严苛的规定。奉移前三天，各项准备活动就已开始，已成为康熙皇帝的玄烨须遣官告祭天地、宗社。奉移前一天，行祖奠礼。安葬至地宫当天，王公、大臣及公主、福晋等人须全部到场，玄烨亲赴梓宫前奠酒，举哀，然后辅臣率执事官奉梓宫登舆，在庞大的仪仗队伍的护送下，灵驾队伍浩浩荡荡地起程前往目的地。

灵驾前头是32人抬的引旗等仪仗，后边的梓宫先用32人抬的小舆移出殡宫门外，再换80人抬的大舆抬行。玄烨扶着梓宫步行至东安门外，再率领群臣泣奠，然后回宫，不再跟随。

80人抬的大舆出城门后，换128人抬的大舆向陵寝进发。抬梓宫的夫役共分60班，每日用30班轮换交替。另外，每班多设4人备用，共计用夫役7920人。首班和末班比较重要，用校尉充当，其余人员均是从地方民夫中挑选。途中每日朝夕祭奠，亲王行礼，群臣举哀。沿途百里之内各级官员在灵驾经过的时候，都必须到大道右侧素服跪迎。

灵驾到达东陵后，每日要像在途中一样举行祭奠。大葬前三日，辅臣祭天地、宗社。当天，辅臣到梓宫前告迁、奠酒，校尉再将梓宫放置到小舆内，准备进入地宫，群臣按序跪地举哀。王公大臣需要跟随小舆一起进入地宫，待将梓宫安放在宝床上，把香册、香宝安放在梓宫左右两侧的石案上。一切安置完毕后，所有人员才可退出地宫。

出来之后，辅臣会带领众人在祭台三奠酒，举哀，并将卤簿仪仗焚烧。至此，顺治皇帝的丧礼才算真正完结。

从顺治皇帝的丧礼中，可以大致对清朝皇帝的丧礼有一个了解。同时，从中也可看出古时皇家对"身后事"的重视。不过，这些曾主宰整个大清江山的帝王在驾鹤归西之后，是否真的可以看到盛大的丧礼，听到众人的哭号，体会到人生中的最后一次风光？又或许，这仅仅是至高无上的皇权的一种体现。

繁复的祭祀

《礼记·祭统》中说"礼有五经，莫重于祭"，是祝祈福祥之礼，表达对天神、地祇、人鬼的一种敬意。祭祀不仅是中国古代原始宗教、迷信思想的淀积，而且是忠、孝、节、义等儒家政治思想观念的凝聚。时代、环境和民族的不同，构成了各具风格的祭祀文化。以下，主要讲讲明清两朝皇宫中的祭祀活动。

明朝时期，据《太常续考》记载，明朝的祭祀活动分为三等："大祭曰天地、宗庙、社稷、陵寝；中祭曰朝日、夕月、太岁、帝王、先师、先农、旗纛；小祀曰后、妃、嫔、太子、王妃、公主及夫人，曰三皇，曰先医，曰五祀，曰司火，曰都城隍，曰东岳，曰京仓……"明朝还有陵寝祭祀，属于朝廷的大祀活动，且是祭祀本朝帝王的活动，所以不仅祭祀的次数多，而且礼仪规定也十分详明。

明朝祭祀繁多复杂，这里仅以宗庙祭祀为例，介绍一下明朝时期的祭祀活动。

宗庙供奉皇室祖先，也可供奉一些有功之臣或宗王，与天地、社稷祭祀一样，均是国家政权的象征。明清时期，在太庙举行的祭祀十分盛大、隆重，是国家重大祭祀之一。

明成祖迁都北京后，仿造明太祖在南京建的宗庙，在宫城东南、端门之东（今北京市劳动人民文化宫）建太庙，前后共两殿，又仿古代"天子九庙"之遗意，各为九开间，建于三重台基之上，前为太庙大殿，是祭祀活动的主要场地，后为寝殿，安置神像、牌位。

明朝在太庙举行的祭祀主要有时享、袷祭、禘祭等。这里，以时享为例，大致介绍一下太庙的祭祀。

时享在明初时期为春正月上旬择吉日、夏四月初一、秋七月初

一、冬十月初一及岁暮凡五祭，后改岁暮祫祭，时享一年四次。嘉靖时曾以立春、立夏、立秋、立冬为四季时享之日，后复旧礼。祭仪，祭前需要斋戒三日，祭祀当天，自太庙寝殿中请出帝后衣冠（嘉靖十一年至二十三年间改为请神版，后又复旧制），陈设于前殿预设神位之上，其位次为：太祖居中南向，成祖等昭位帝后居东西向，穆位帝后居西东向，夹太祖而列，每代帝后神位前都供有祭品，并放有香炉、烛台等器具。

天地宗庙之祭不仅要供奉祭品，还要伴有歌舞，以取悦神明。同时，通过诵读祝文来表达对神的敬意。下面说说时享的几个部分：

一为迎神。迎神时须奏中和之曲，伴有唱词。唱词内容为："庆源发祥，世德惟崇。助我祖宗（太祖时此句词为'致我眇躬'），开基建功。京都之中，亲庙在东。惟我子孙，永怀祖风。气体则同，呼吸相通。来格来崇，皇灵显融。"音乐停止后，皇帝及陪祭者行四拜。

二为初献。初献时须奏寿和之曲，伴有唱词，并舞武功之舞。唱词内容为："思皇先祖，耀灵于天，源衍庆流，繇高逮玄。玄孙受命，追远其先，明禋世祟，亿万斯年。"

在乐声中，执事官手捧帛，再执金爵于神位前献帛、献酒，读祝官读祝文，祝文内容为："维某年岁次某（天干地支，中国古代的历法中，甲、乙、丙、丁、戊、己、庚、辛、壬、癸被称为"十天干"，子、丑、寅、卯、辰、巳、午、未、申、酉、戌、亥叫作"十二地支"），某月朔日，孝玄孙皇帝某（御名）敢昭告于（列帝后庙谥，先世概称皇祖考妣太皇帝后，父母称皇考妣），时维孟春（夏、秋、冬），礼严祭祀，谨以牲醴庶品，用申追慕之情，尚享！"祝文读完后，皇帝及陪祭者俯伏，平身。待礼行完，乐声也随之停止。

三为亚献。亚献时须奏豫和之曲，伴有唱词，舞文德之舞。其唱词为："对越至亲，俨然如生，其气昭明，感格在庭。如见其形，如闻其声，爱而敬之，发乎中情。"乐声中，执事官以瓷爵献酒于诸神位前。

四为终献。终献时奏熙和之曲，伴有唱词，舞文德之舞。唱词为："惟前人之功，肇应天历，延及予小子，爰受方国（太祖时原词为：承前人之德，化家为国，毋曰予小子，基命成绩）。欲报其德，昊天罔极。殷勤三献，我心悦怿。"献爵同亚献。

三献均完成后，受福胙（祭祀所用的肉类）。光禄寺官将享之前供奉给神明的酒和肉，跪着献给皇帝，皇帝及陪祭者俯身，向诸神行四拜。

五为彻馔。彻馔时奏雍和之曲，伴唱词。唱词为："乐奏仪肃，神其燕娱，告成于祖，亦佑皇妣。敬撤不迟，以终祀礼，祥光焕扬，锡以嘉祉。"乐声中，执事官将诸神位前的供祭品撤走。乐声停止后，太常寺卿在诸神位前跪奏礼毕，奏请皇帝还宫。

六为还宫。还宫时奏安和之曲，其唱词为："显兮幽兮，神运无迹，鸾驭追逐，安其所适，其灵在天，其主在室，子子孙孙，孝思无斁。"

乐声中，皇帝及陪祭官四拜乐止，读祝官捧祝，进帛官捧帛，各司其位，将其焚化，奏乐，一整套仪式也就此结束。

再说清朝。作为游牧民族入主中原的清代统治者，沿袭汉制的同时，还保留了本民族特有的祭祀活动，如萨满祭祀。

萨满祭祀也称萨满教。从前多是北方民族信奉它。萨满教是女真族的传统信仰，一个地区或一个部落，唯一的神职人员就是萨满，可见对其的崇敬程度。满族入驻中原后，萨满也有了新发展。宫中的萨满与社会上的萨满人选是不同的，社会上的多是经老萨满进行多种训练和考验的男性，而宫中的萨满是经过一定训练的爱新觉罗家族女性成员。

清代宫廷举行萨满祭祀的地方有两处：一处在大内后三宫的坤宁宫，另一处在皇城东南角的堂子。另外，在紫禁城内廷外东路的宁寿宫也有祭神的设置，但因乾隆皇帝当了太上皇后并未移居此处颐养天年，宁寿宫并未有过祭神活动。

宫中的萨满祭神活动分工明确，萨满头目妇人2名，萨满妇人10名，各司其职。祭祀名目十分繁多，主要活动有19项，每一项中又有很多烦琐、重复的礼节。如堂子祭祀中，有亭式殿祭祀、尚锡神亭祭祀和院内的立杆大祭等；坤宁宫祭祀有大祭、四季献神、月祭、日祭等。日祭中又有朝祭、夕祭，每天的朝祭、夕祭，在坤宁宫内杀两头猪作为祭品，猪要在宫内肢解、煮熟。朝祭供神结束后，这些猪肉由参加祭祀的人和值班大臣、侍卫就地分食，夕祭肉则交御膳房。夕祭中，萨满诵神歌、摇腰铃、作舞，并有琵琶、三弦、鼓等伴奏。坤宁宫求福祭祀，程序则更为复杂。

关于宫中所祀之神都有哪些？《清会典事例》中有记载：坤宁宫朝祭之神有释迦牟尼佛、观世音菩萨、关圣帝君；夕祭神有穆哩罕神、画象神、蒙古神。此外，在各祭祀祷辞中呼唤的神还有22个称谓。这些称谓有的在乾隆时即"训义未详"。

清代宫中为保存满洲文化，始终保持萨满祭祀，有时帝后亲自参加，但这些帝后是否笃信，则很难确知，毕竟随着清朝的发展，萨满教早已不是清廷中唯一的信仰。又或许不仅仅是萨满祭祀，宫廷中的许多祭祀大概都已经失掉了最初单纯的信仰，而只是一种形式大于诚心的大型宫廷仪式。

丰盛奢华的御膳

中国人自古以来对"吃"都极为重视，在"吃"方面的造诣更是精深。中国在美食方面的成就，使得"吃"这件事已经不是单纯的行为、动作，而是一种文化。中华美食文化用博大精深来形容一点也不为过。明中期至清中期这300年间，正是中国传统饮食文化高度发展的鼎盛时期，满族、汉族、蒙古族、回族等诸民族间饮食文化交流频繁，使食物种类迅速增加，烹调工艺也日臻完善。

古代的皇帝吃饭都称作"进膳"或"用膳"，所以皇帝吃的

饭，也就被称作"御膳"。那么，作为天下之主的明清两朝的皇帝们，每日的御膳究竟是些什么？是否享受着全国上下所有的佳肴美馔？

明朝御膳

明代宫廷御膳十分强调时序性和节令时俗，御膳的菜单讲究"物生有时"的原则，每月的菜品都有着极为严格的规定：正月是韭菜、生菜、鸭子、鸡子；二月是水芹、苔菜、薹、子鹅；三月是新茶、笋、鲤鱼；四月是杏、梅、樱桃、黄瓜；五月是来禽、茄子、桃、李、大麦、小麦、嫩鸡；六月是莲子、西瓜、甜瓜、冬瓜；七月是梨、枣、菱、芡、葡萄；八月是新米、粟、穄、藕、芋、白嫩姜、鳜鱼；九月是栗子、橙、小红豆、鳊鱼；十月是山药、柑橘、兔；十一月是荞麦、甘蔗、鹿、獐、雁；十二月是菠菜、芥菜、白鱼、鲫鱼。

在《明宫史》中，对明朝宫廷中不同月令中的饮食好尚有着详

123

细的记载：

正月：初一日正旦节。自年前腊月二十四日祭灶之后，宫眷内臣即穿葫芦景补子及蟒衣。各家皆蒸点心，储生肉，将为一二十日之费。……正月初一日五更起，焚香放纸炮……饮椒柏酒，吃水点心，即"扁食"也。或暗包银钱一二于内，得之者以卜一岁之吉。……所食之物，如曰"百事大吉盒儿"者，柿饼、荔枝、圆眼、栗子、熟枣共装盛之。又驴头肉，亦以小盒盛之，名曰"嚼鬼"，以俗称驴为鬼也。……立春之时，无贵贱皆嚼萝卜，名曰"咬春"。互相请宴，吃春饼和菜。……初七日"人日"，吃春饼和菜。自初九日之后，即有耍灯市买灯。吃元宵，其制法用糯米细面，内用核桃仁、白糖、玫瑰为馅，洒水滚成。如核桃大，即江南所称汤圆也。……斯时所尚珍珠，则冬笋、银鱼、鸽蛋、麻辣活兔，塞外之黄鼠，半翅鹖鸡，江南之蜜桔、凤尾桔、漳州桔、橄榄、小金桔、风菱、脆藕、西山之苹果、软子石榴之属、冰下活虾之类，不可胜计。本地则烧鹅鸡鸭、烧猪肉、冷片羊尾、爆炒羊肚、猪灌肠、大小套肠、带油腰子、羊双肠、猪脊肉、黄颡管耳、脆团子、烧笋鹅鸡、糟腌鹅鸡、炸鱼、柳蒸煎攒鱼、炸铁脚雀、卤煮鹌鹑、鸡醢汤、米烂汤、八宝攒汤、羊肉猪肉包、枣泥卷、糊油蒸饼、乳饼、奶皮、烩羊头、糟腌猪蹄尾耳舌、鹅炖掌。素蔬则滇南之鸡㙡，五台之天花羊肚菜、鸡腿银盘等蘑菇，东海之石花海白菜、龙须、海带、鹿角、紫菜，江南蒿笋、糟笋、香菌，辽东之松子，蓟北之黄花、金针，都中之山药、土豆，南都之苔菜，武当之鹦嘴笋、黄精、黑精，北山之榛、栗、梨、枣、核桃、黄连茶、木兰芽、蕨菜、蔓菁，不可胜计也。茶则六安松萝、天池，绍兴岕茶，径山茶，虎丘茶也。凡遇雪，则暖室赏梅，吃炙羊肉、羊肉包、浑酒、牛乳、乳皮、乳窝卷蒸用之。先帝最炙蛤蜊、炒鲜虾、田鸡腿及笋鸡脯，又海参、鳆鱼、鲨鱼筋、肥鸡、猪蹄筋共烩一处，名曰"三事"，恒喜用焉。

....

二月：初二日，各宫门撤出所安彩妆。各家用黍面枣糕，以油煎之；或以面和稀，摊为煎饼，名曰"薰虫"。是月也，分菊花、牡丹。凡花木之窖藏者，开隙放风。清明之前，收藏貂鼠、帽套、风领、狐狸等皮衣，加辟虫香樟脑，收于大瓷坛内，或大木箱内，糊严，以防混损。是时食河豚，饮芦芽汤以解其热。各家煮过夏之酒。此时吃鲊，名曰"桃花鲊"也。

三月：……十八日，东岳庙进香，吃烧笋鹅，吃凉糕、糯米面蒸熟加糖碎芝麻，即糍粑也。吃雄鸭腰子，大者一对可值五六分，传云食之补虚损也。

四月：……初八日，进"不落夹"，用苇叶方包糯米，长可三四寸，阔一寸，味与粽同也。是月也，尝樱桃，以为此岁诸果新味之始。吃笋鸡，吃白煮猪肉，以为"冬不白煮，夏不燶"也。又以各样精肥肉，姜、葱、蒜挫如豆大，拌饭，以莴苣大叶裹食之，名曰"包儿饭"。辽东人俗亦尚此。造甜酱豆豉。……二十八日，药王庙进香。吃白酒、冰水酪，取新麦穗煮熟，剥云芒壳，磨成细条食之，名曰"稔转"，以尝此岁五谷新味之始也。

....

五月：初五日午时，饮朱砂、雄黄、菖蒲酒，吃粽子，吃加蒜过水温淘面。赏石榴花，佩艾叶，合诸药，画治病符。圣驾幸西苑，斗龙舟，划船。或奉万岁山前插柳，看御马

125

监勇士跑马走解。夏至伏日，戴蓖麻子叶，吃"长命菜"，即马齿苋也。

六月：初六日，……吃过水面……初伏、中伏、末伏日，亦吃过水面。吃"银苗菜"，即藕之新嫩秧也。初伏日造曲，惟以白面用绿豆黄加料和成晒之。立秋日，戴楸叶，吃莲蓬、藕，晒伏姜，赏茉莉、栀子兰、芙蓉等花。先帝爱鲜莲子汤，又好用鲜西瓜种微加盐焙用之。

七月：……十五日"中元"，甜食房进供佛菠萝蜜；……是月也，吃鲥鱼。

八月：……自初一日起，即有卖月饼者。加以西瓜、藕，互相馈送。西苑㩦藕。至十五日，家家供月饼瓜果，候月上焚香后，即大肆饮啖，多竟夜始散席者。如有剩月饼，仍整收于干燥风凉之处。至岁暮合家分用之，曰"团圆饼"也。始造新酒，蟹始肥。凡宫眷内臣吃蟹，活洗净，用蒲包蒸熟，五六成群攒坐共食，嬉嬉笑笑。自揭脐盖，细细用指甲挑剔，蘸醋蒜以佐酒。或剔蟹胸骨，八路完整如蝴蝶式者，以示巧焉。食毕，饮苏叶汤，用苏叶等件洗手，为盛会也。……有红白软子大石榴，是时各剪离枝。甘甜大玛瑙葡萄，亦于此月剪下果。瓷缸内先着少许水，将葡萄枝悬封之，可留至正月，尚鲜甜可爱焉。

九月：……自初一日起，吃花糕。……九日"重阳节"，……吃迎霜麻辣兔、菊花酒。

十月：……吃羊肉、爆炒羊肚、麻辣兔、虎眼等各样细糖。……吃牛乳、乳饼、奶皮、奶窝、酥糕、鲍螺，直至春二月方止。

十一月：……此月糟腌朱蹄尾、鹅炖掌。吃炙羊肉。羊肉包、扁食馄饨，以为阳生之义。冬笋到，不惜重价买之。

每日清晨吃佘汤，吃生炒肉、浑酒以御寒。

十二月：家家买猪腌肉，吃灌肠、吃油渣卤煮猪头、烩羊头、爆炒羊肚、炸铁脚小雀加鸡子、清蒸牛乳白、酒糟蚶、糟蟹、炸银鱼等鱼、醋溜鲜鲫鱼鲤鱼。钦赏腊八杂果粥米。……初八日，吃"腊八粥"。先期数日，将红枣槌破泡汤，至初八早，加粳米、白果、核桃仁、栗子、菱米煮粥，……凡宫眷所用饮食，皆本人所关赏赐置买，雇请贫穷宫人，在内炊爨烹饪。其手段高者，每月工食可须数两，而零星赏赐不与焉。凡煮饭之米，必拣簸整洁；而香油、甜酱、豆豉、酱油、醋，一应杂料，俱不惜重价自外置办入也。

············

明朝时，宫廷饮食主要由光禄寺和太常寺负责，其中太常寺主要负责祭祀时所用的膳馐。礼部还有精膳清吏司，但其主要负责备办各种礼仪性宴会及招待各藩王、属国的往来使节。等到明朝中后期，光禄寺的厨役形同虚设，实际作用已经变为供奉皇帝及宫眷饮食的宦官衙门。明代有宦官二十四衙门，负责宫廷内各项事务，其中负责饮食的是"尚膳监"。

这些掌管皇家膳食的机构，对于御膳有着一套极为严苛的管理制度。每日所列膳单上，不仅有菜品的名称，还有各环节负责人员的姓名，由内务府大臣画押执行，如果出现问题，可以按照膳单寻找负责人。

清朝御膳

清宫饮食由内务府和光禄寺管理，下设御膳房、御茶膳房、寿膳房、外膳房、内膳房、皇子饭房、侍卫饭房，分别承办宫廷饮宴和日常饮食。

"御膳房"是负责皇帝饮食的专职机构，内设管理事务大臣若干名，都是由皇帝特派的心腹之人。管理事务大臣下设尚膳正、尚膳副、尚膳、主事、委署主事、笔帖式等官职，专门负责皇帝吃饭事宜。其下再设厨役、掌灶，具体为皇帝备膳。

清宫饮食制度严格，不仅有专门的厨师、专门的膳房，还有一套祖先留下来的膳食制度，有严格的份额规定，即每人每天有固定的米、面、肉、菜及调料，称为"口份"。具体每日份额分配如下：

皇帝：盘肉22斤、汤肉5斤、猪油1斤、羊2只、鸡5只（其中当年鸡3只）、鸭3只，白菜、菠菜、香菜、芹菜、韭菜等共19斤，大萝卜、水萝卜和胡萝卜共60个，包瓜、冬瓜各一个，苤蓝、干闭蕹菜各5个（6斤），葱6斤，玉泉酒4两，酱和清酱各3斤，醋2斤。早、晚随膳饽饽8盘，每盘30个（一盘饽饽用上等白面4斤、香油1斤、芝麻1合5勺、澄沙3合、白糖、核桃仁和黑枣各12两）。御茶房备例用乳牛50头，每头牛每天上交牛乳2斤，玉泉水12罐、乳油1斤、茶叶75包（每包二两）。

皇后：盘肉16斤，菜肉10斤，鸡、鸭各1只，白菜、香菜、芹菜共20斤13两，水萝卜、胡萝卜共20个，冬瓜1个，干闭蕹菜5个，葱2斤，酱1斤8两，清酱2斤，醋1斤。早、晚随膳饽饽4盘，每盘30个。御茶房备例用乳牛25头，共得乳50斤；玉泉水12罐，茶叶10包。

皇贵妃：盘肉8斤，菜肉4斤，每月鸡、鸭各15只。

贵妃：盘肉6斤，菜肉3斤8两，每月鸡、鸭各7只。

妃：盘肉6斤，菜肉3斤，每月鸡、鸭各5只。

嫔：盘肉4斤8两，菜肉2斤，每月鸡、鸭各5只。

贵人：盘肉4斤，菜肉2斤，每月鸭8只。

常在：盘肉3斤8两，菜肉1斤8两，每月鸡5只。

皇贵妃以下，各内廷主位：每月共用白菜40斤，香菜4两，芹菜1斤，葱5斤，水萝卜20个，胡萝卜、苤蓝、干闭瓮菜各10个，冬瓜一个，酱、醋各3斤，清酱5斤。御茶房备贵妃每位乳8斤；嫔每位乳4斤；贵人以下随本宫主位份例。妃嫔等位日用茶叶均为5包。

皇子：盘肉4斤，菜肉2斤，每月鸭10只。

皇子福晋：盘肉12斤，菜肉8斤。

侧福晋：盘肉6斤，菜肉4斤。

共用白菜5斤、干闭瓮菜8个，其他蔬菜按月供给，日用酱、清酱各4两，醋2两。皇子及福晋，每位例用乳16斤，茶叶8包。

清代帝、后各自有膳房备膳，并且独自用餐，一日两餐。早膳辰正（上午8点），晚膳未正（下午2点）。两正餐之外，还有酒膳和各种小吃，一般在下午或晚上。膳前由内务府大臣开单备案，这点与明朝时相同。

平时皇帝独自进膳。而皇太后、皇后及妃嫔则在各自的宫内进膳。皇帝吃饭没有固定地点，多在寝宫和办事、活动的地方随意命进。如乾隆皇帝因寝宫是养心殿后殿，所以早膳经常在养心殿的东暖阁，

晚膳、酒膳多在漱芳斋和重华宫。再如咸丰帝，他的寝宫虽然也在养心殿后殿，可他习惯在咸福宫或同道堂进膳。

每到用膳时间，皇帝命御前侍卫传膳。届时，负责皇帝用膳的官员立刻行动，备桌太监按照旨意将桌子摆好，摆膳太监迅速到膳房取饭菜。饭菜盛装在食盒里。太监须双手捧到皇帝的膳桌上，直到皇帝的面前才能取出。待御膳全部摆好后，皇帝身边的随侍太监还要"尝膳"，即每样饭菜尝上一点，以确保饭菜没有问题，以此保障皇帝的安全。

平时，皇帝每膳有20多品菜肴、小菜，4品主食，2品粥（或汤）。菜肴以鸡、鸭、鱼、鹅、猪肉及时鲜蔬菜为主，山珍海鲜、奇瓜异果、干菜菌类辅之。主食是"贡米"、新麦，而做饭的水是专门从北京西郊的玉泉山运进宫的。

清朝御膳是宫廷御膳发展的顶峰时期。清朝御膳不仅注重食材的丰富，还注重馔品的外观造型，可以说是追求色、香、味俱全的典范。

不过，御膳其实并不受皇帝欢迎，相反，宫中最好吃的美味一般都是在太后、妃嫔自己的小厨房里。皇帝的特有待遇"御膳"比起味蕾的享受，更注重"礼仪"，使其失去了"美食"的本质，流于一种形式。清朝最后一位皇帝溥仪，曾在自己的自传中写道：

"这些佳肴经过种种手续摆上来之后，除了表示排场之外，并无任何用处。它之所以能够在一声传膳令下，迅速摆在桌子上，是因为御膳房早在半天或一天以前就已做好，煨在火上等候着的。他们也知道，反正从光绪起，皇帝并不靠这些早已过了火候的东西充饥。我每餐实际吃的是太后送的菜肴，太后死后由四位太妃接着送。因为太后或太妃们都有各自的膳房，而且用的都是高级厨师，做的菜肴味美可口，每餐总有二十来样。这是放在我面前的菜，御膳房做的都远远摆在一边，不过做个样子而已。"

除帝后日常饮食外，名目繁多的筵宴也是清宫饮食的重要内容。太和殿的筵宴，乾清宫的家宴，皇太后的圣寿宴，皇后的千秋宴，皇子的成婚宴，重华宫的茶宴，以及康熙、乾隆朝举行的千叟宴等都是清廷饮食篇章中的重要组成部分。

宫中众多的筵宴在展示出皇家的雄厚财富与浩大排场外，还凸显了其中分明的等级制度。不仅筵宴饮食的品种和类别，依进宴人的身份地位而有所区别，就连餐具也依其身份不同，质地、纹饰和数量也不同。

由此看来，皇家虽然看起来拥有全国各地的美食，但是"吃"起来并不轻松啊！

明清节日饮食

明朝的节日众多，其中有三个最重要的节日：万寿节（皇帝生辰）、冬至和春节。这三个最重要的节日被称为三大节。除三大节以外，还有众多大小节日，其中每逢立春、元宵节、四月八节（浴佛节）、端午节、重阳节、腊八节这些节日，宫中的饮食都会有所变化，皇帝也会宴请群臣。永乐时期是在奉天门设宴，后来改为在午门外。

随着宫廷节日宴席的发展、经验的积累，宫中宴席的膳品也形成了定制。万历重修的《大明会典》中有关于明朝宫廷大宴膳品的记载：

正旦节：

永乐间定制，上桌茶食像生小花，果子5盘，烧炸5盘，凤鸡，双棒子甘，大银锭，大油饼、按酒（下酒菜）5盘，菜4色，汤3品，簇2大馒头，马牛羊胙肉饭，酒5盏。上中桌茶食像生小花，果子5盘，按酒5盘，菜4色，汤3品，簇2大馒头，马牛羊胙肉饭，酒5盅。中桌：果子5盘，按酒4盘，菜4色，汤2品，簇2馒头，马猪牛羊胙饭，酒3盅。随驾将军，按酒，细粉汤，椒醋肉并头蹄，簇2馒头，猪肉饭，酒1盅。金枪甲士、象奴、校尉，双下馒头。教坊司乐人，按酒，熬牛肉，双下馒头，细粉汤，酒1盅。

郊祀庆成：

永乐二年（公元1404年）定制：上桌按酒5盘，果子5盘，茶食5盘，烧炸5盘，汤3品，双下馒头，马肉饭，酒5盅。中桌按酒4盘，汤3品，双下馒头，马肉饭，酒5盅。随驾将军，按酒1盘，粉汤，双下馒头，猪肉饭，酒1盅。金枪甲士、象奴、校尉，双下馒头。教坊司乐人，按酒1盘，粉汤，双下馒头，酒1盅。

天顺元年（公元1457年）改为：上桌宝妆茶食，向糖缠碗8个，棒子骨2块，大银锭油酥8个，花头2个。凤鸭1只，菜4色，按

酒5盘，汤3品，小银锭笑魇2碟，鸳鸯饭2块，大馒头1份，果子5盘，黑白饼1碟，鲊1碟，每人酒5盅。上中桌宝妆茶食，向糖缠碗8个，棒子骨2块，大银锭油酥8个，花头2个，甘露饼4个，菜4色，按酒5盘，小银锭笑魇2碟，汤3品，鸳鸯饭2块，大馒头2份，果子5盘，每人酒5盅。中桌宝妆茶食，大银锭笑魇8碟，果子按酒各8盘，菜4色，花头2个，汤3品，鸳鸯饭2块，大馒头4份，每人酒5盅。下桌宝妆茶食，大银锭油酥8个，炸鱼2块，果子4盘，按酒4盘，菜4色，汤3品，马肉饭2饭，大馒头2份，每人酒5盅。

圣节：

永乐十三年（公元1415年）定制：上桌按酒5盘，果子5盘，茶食，烧炸凤鸡，双棒子骨，大银锭，大油饼，汤3品，双下馒头，马肉饭，酒5盅。上中桌：按酒4盘，果子4盘，烧炸，银锭油饼，双棒子骨，汤3品，双下馒头，马肉饭，酒3盅。中桌：按酒4盘，果子4盘，烧炸，茶食，汤3品，双下馒头，羊肉饭，酒3盅。僧官等用素桌，按酒5盘，果子，茶食，烧炸，汤3品，双下馒头，蜂糖糕饭。将军按酒1盘，寿面，双下馒头，马肉饭，酒1盅。金枪甲士、象奴、校尉，双下馒头，酒1盅。教坊司乐人，按酒1盘，粉汤，双下馒头，酒1盅。给内官内使：上桌按酒5盘，果子，汤2品，小馒头，酒3盅；中桌按酒4盘，果子，汤2品，小馒头。

元宵节：

永乐间定制：上桌按酒4盘，果子，茶食，小馒头，菜4色，粉汤，圆子1碗，酒3盅。中桌按酒4盘，果子，茶食，小馒头，菜4色，粉汤，圆子2碗，菜4色，酒6盅。

冬至节：

永乐间定制，上桌按酒5盘，果子5盘，茶食，汤3品，双下馒头，马羊肉饭，酒5盅。中桌按酒4盘，果子4盘，茶食，汤3品，双下馒头，酒 5 盅。将军按酒 1 盘，双下馒头，粉汤，酒 1 盅。金枪甲士、象奴、校尉，双下馒头。教坊司乐人，按酒 1 盘，双下馒头，粉汤，酒 1 盅。

四月八节：

永乐间定制：上桌按酒 2 盘，不落荚 1 碟，凉糕 1 碟，小点心 1 碟，菜 4 色，汤 2 碗，酒 6 盅。嘉靖十四年（公元 1535 年）因皇帝佞道弃佛，改为四月五日宴，席上不落荚改为面饼。

端午节：

永乐间定制：上桌按酒 5 盘，果子，小馒头，汤 3 品，糕 1 碟，粽子 1 碟，菜 4 色，酒 5 盅。中桌按酒 4 盘，果子，小馒头，汤 3 品，糕 1 碟，粽子 1 碟，菜 4 色，酒 5 盅。教坊司乐人，按酒 1 盘，汤饭，酒 1 盅。

重阳节：

永乐间定制：上桌按酒 2 盘，糕 2 碟，小点心 1 碟，菜 4 色，汤 1 碗，酒 3 盅。中合桌按酒 2 盘，小点心 1 碟，糕 2 碟，菜 4 色，汤 2 碗，酒 6 盅。

腊八节：

永乐间定制：上桌按酒 4 盘，菜 4 色 1 碗，酒 3 盅。中合桌按酒 4 盘，菜 4 色，腊面 2 碗，酒 6 盅。

清朝节日的三大节为正旦、万寿节、冬至。同明朝一样，每逢节日，尤其是三大节，清宫中都会开设盛大的筵宴。

清宫宴席同大多宫廷宴席一样，虽然有众多美食，但同时也有着众多烦琐的礼仪规矩，从每桌的菜品、餐具到人员安排，都有着严格的要求。

除夕宴从下午 2 点开始摆起，乾清宫内地平正中南向面北设皇帝金龙大宴桌，此桌餐具为金盘、碗，由里向外摆八路膳食；头路正中摆 4 座松棚果罩，内放青苹果，两边各摆 1 只花瓶，瓶中是开得正艳的鲜花；二路摆盛蜜饯食品的高足碗9只；三路摆9只盛满洲饽饽（点心）的折腰碗；四路摆红雕漆果盒两副，内有果盅10件；五路至八路摆冷膳、热膳、群膳共40品，主要是关东鹅、野猪肉、鹿肉、羊肉、鱼、野鸡、狍子等制成的菜肴。

　　皇帝大宴桌靠近座位处正中摆金勺、金镶象牙筷和小金布碟等进食餐具。餐具左边摆奶饼、奶皮及干湿点心；右边摆酱小菜、水萝菜、芥菜缨、青酱等佐餐调料。地面上，皇帝金龙大宴桌左侧设皇后坐东面西带帷子高桌，桌上用金盘、碗或黄里黄面暗云龙盘碗摆冷、热、群膳32品，荤菜16品，果子16品。

　　地平下东西向摆皇贵妃、贵妃、妃、嫔、贵人等宴桌。按照等级，皇贵妃、贵妃为一桌，妃、嫔、贵人两人一桌或三人一桌。妃嫔宴桌分别用"位份碗"摆冷、热、群膳15品，荤菜7品，果子8品。位份碗是身份的标志，即不同身份用不同颜色的餐具：皇帝、皇后用金餐具和黄里黄面暗云龙餐具，皇贵妃、贵妃、妃用黄底绿云龙餐具，嫔用蓝底黄云龙碗，贵人用绿底紫云龙碗。

　　直到下午3点半，乾清宫两廊下奏响中和韶乐，皇帝升座，大宴才算正式开始。上菜也按照人员身份等级不同，而有着严格的先后顺序。先进皇帝热膳，再送后、妃、嫔等热膳；次进皇帝奶茶，再送后、妃、嫔等奶茶；接着进皇帝酒膳，总管太监向皇帝跪进酒，皇帝饮后，再送后、妃、嫔等酒膳。宴席结束时，会奏中和韶乐，皇帝在乐声中率先离座，后妃们跪送皇帝还宫后，才可再按等级高低先后离开。

　　不论是明朝还是清朝，宫中的饮食总是透露着菜品丰盛、食材名贵等特点，这些特点在各大宴席上更是显露无遗。但是在丰盛奢华的背后，是充分显示皇权至高无上、不容侵犯的本质。对于宫中的人来说，这御膳的"御"早已盖过"膳"的重要性。

康熙的"千叟宴"

"叟"指老人,"千叟宴"也就是指召集千位老人参加的盛大聚会。千叟宴是清朝皇宫中规模最大、与宴者最多的御宴。千叟宴始于康熙年间,盛于乾隆时期,共举办过4次。4次千叟宴,次次耗资规模都令人瞠目结舌。除此之外,千叟宴还最终完善并形成了世界上最为豪华的盛宴——满汉全席。

第一次千叟宴是在康熙五十二年(公元1713年)。这一年,康熙即将迎来六十大寿,全国各地一些老人因为"感戴君德",自发来京祝寿。再加上康熙对自己这些年来的政绩作为很是满意,认为"享祚绵长,无如朕之久者",决定举办一场前无古人的盛大庆典。

三月二十五日这天,康熙帝在畅春园正门前首宴汉族大臣、官员及士庶年90岁以上者33人,80岁以上者538人,70岁以上者1823人,65岁以上者1846人。诸皇子、皇孙、宗室子孙年纪在10岁以上、20岁以下者均出来为老人们执爵敬酒、分发食品,扶80岁以上老人到康熙帝面前亲视饮酒,以示恩宠,并赏给外省老人银两不等。

三月二十七日,康熙在畅春园正门前,重设酒筵招待八旗大臣、官兵及闲散者,年90岁以上者7人,80岁以上192人,70岁以上1394人,65岁以上1012人,其他礼遇同上。

这两天的盛宴可谓规模空前。为庆祝活动搭置的彩棚,从西直门一直延伸到畅春园,竟然长达20里。

第二次千叟宴是在康熙六十一年(公元1722年),这也是康熙皇帝人生中的最后一年。68岁高龄的康熙难免要纪念一下自己的政绩功德,所以,他以"天下太平,民生富庶"为由,再次举办盛大宴会,宴请全国已上年岁的满汉文武大臣、官员及致仕、退斥人员。

这次规模没有第一次大,但和其他宴会比仍是盛大的。这次同

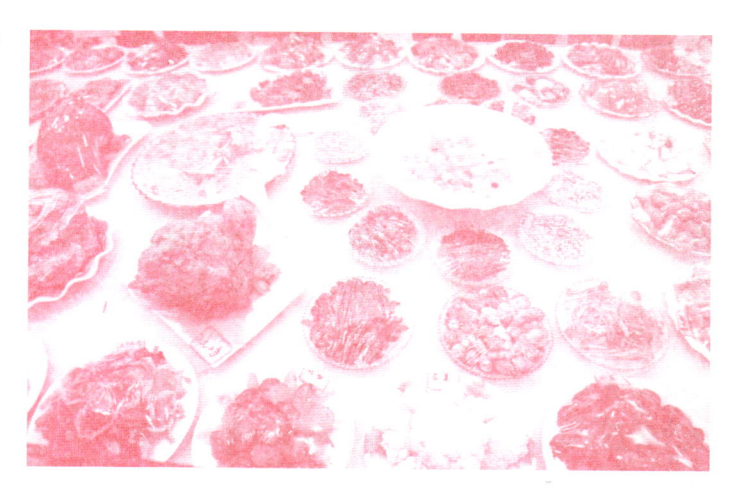

样满、汉分开宴请，正月初二宴请满族诸位老人，共计680人；正月初五宴请汉族老人，共计340人。康熙皇帝为了纪念这次盛宴，亲自作一首诗，名为《千叟宴》，这正是"千叟宴"名字的由来。

第三次千叟宴是在乾隆五十年。这一年，乾隆皇帝喜添五世元孙，便想趁此机会效仿祖父康熙举办千叟宴。乾隆皇帝晚年非常喜欢歌颂自己的功德，不论是巡游还是设宴，排场都要大，所以乾隆举办的千叟宴，只能较之前更加盛大。

正月初六这天，千叟宴在乾清宫开始举行。自宗室王贝勒以下，内外文武大臣官员、致仕大臣官员、受封文武官阶：年过60的士农工商、外藩蒙古王公、台吉、回部、西藏代表、西南土官及朝鲜贺正陪臣，共计3000余人。千余人共聚一堂，整个宫内觥筹交错，熙熙攘攘。殿廊下设有50席，丹墀内244席，甬道左右124席，丹墀外左右382席，共计800席之多。席间，乾隆帝召一品大臣以及90岁以上的老者到御前，亲赐饮酒。又命皇子、皇孙、皇曾孙在殿内依次敬酒。赐予大家诗刻、如意、寿杖、朝珠、缯绮、貂皮、文玩、银牌等。

据内务府《御茶膳房簿册》记载，这次千叟宴，一等、次等共800桌，连同御宴，共用白面750斤12两，白糖36斤2两，澄沙

30斤5两，香油10斤2两，鸡蛋100斤，甜酱10斤，白盐5斤，绿豆粉3斤2两，江米4斗2合，山药25斤，核桃仁6斤12两，晒干枣10斤2两，香蕈5两，猪肉1700斤，菜鸭850只，菜鸡850只，肘子1700个。另据《清宫内务府奏销档》记载，千叟宴每席桌用玉泉酒8两，800席共用玉泉酒400斤；内务府荤局和点心局烧用柴3848斤，炭412斤，煤300斤。

最后一次千叟宴是在嘉庆元年（公元1796年）。在乾隆六十年（公元1795年）的时候，85岁高龄的乾隆已经决定于第二年将皇位传给自己的第十五子，即嘉庆皇帝。嘉庆元年（公元1796年）正月，乾隆借归政大典之机，再次邀请各地满、汉老人来京共享"千叟宴"。因为这时的乾隆已经是86岁的老人，所以邀请的老人年龄限制也有变化，改为70岁以上。

正月初四，千叟宴在宁寿宫的皇极殿如期开宴。《乾隆实录》对当时的场景有所记载：内外王公、贝勒贝子、台吉、一二品大臣席在殿内，朝鲜、回部、西藏、暹罗、安南、廓尔喀等地区来客在殿廊下，三品大臣官员在丹陛甬路，四品以下有职官员在丹墀左右，其余拜唐阿、护军、马甲、兵民、匠艺等均在宁寿门外。皇子、皇孙、皇曾孙、皇元孙等给殿内王公大臣敬酒，侍卫等给众叟依次行酒，并承旨分赐食物。另加恩著赏百岁老人熊国沛、邱成龙等六品顶戴，其余90岁以上者受七品顶戴。

此次千叟宴列名参席者3056人，列名邀赏者尚5000人，排场之大令人瞠目。据说，仅备膳用的直径2尺和1尺2寸的板沿锅、生铁锅就准备了116口，雇用端送酒膳、推运行灶的伙夫156名。

千叟宴席面分三等，即御宴和一等、二等桌。皇帝御宴设于殿中宝座前，一等桌在殿内和殿前廊下两旁，二等桌在丹墀及丹陛下庭院中两侧排开，笼以帐幕。王公贵族、一二品大臣及外国使臣坐一等桌，其席面为：银、锡制火锅各1个，猪肉片1个，羊肉片1个；

鹿尾烧鹿肉1盘，煨羊肉乌叉1盘，荤菜4碗，蒸食寿意1盘，炉食寿意1盘，螺狮盒小菜2个，乌木筋2只。另备肉丝烫饭。三品至九品官员及蒙古台吉及其他低级官吏兵民香志等坐二等桌，其席面为：铜火锅2个，猪肉片1个，羊肉片1个；煨羊肉片1盘，烧狍肉1盘，蒸食寿意1盘，炉食寿意1盘，螺蛳盒小菜2个，乌木筋2只。另备肉丝烫饭。

四次千叟宴均于康乾盛世期间举办，这也是当时大清财政富足、社会稳定的一种表现。康乾盛世结束后，清朝开始渐渐走下坡路，国家也再未达到康乾盛世时的富强程度，千叟宴这种耗财耗力的宴席，自然就没有能力再承办。

宫廷的娱乐

四四方方的紫禁城，将皇族与普通百姓的世界隔绝。宫中的人不能随意从紫禁城中出去，有的人甚至一辈子都没有出去见过外面的世界，这也是后人将紫禁城形容为一个牢笼的原因。

当然，牢笼的说法也只是从某种意义上来说。宫中的人虽然不能享受外面的世界，但在紫禁城中也形成了一个"小世界"，为了不让生活过于单调死板，也有许多丰富多彩的娱乐活动。

宫中最大型的娱乐活动，要数节庆娱乐。宫廷的节庆娱乐，和普通百姓过年过节都要逛庙会、放烟花一样，是最为喜庆的时光。紫禁城虽然不比外面世界广大，但要论举办的节庆活动，那绝对是一等一的盛大。

以明宣德八年（公元1433年）的元宵节为例。元宵节是明朝最重要的节日之一，一般的农历正旦，宣宗都要发布诏令，放假10天，让百官和百姓欢度新春佳节和正月十五的元宵节。然而，宣德八年的正旦，宣宗却意外地下令延长假日，从正月初一一直放假到正月二十五，给了官员、百姓几乎一个月的长假。据《皇明诏令》中记载，宣宗还下令全国各地除正在斋戒的人外，均可饮酒作乐。那一年，北京城内张灯结彩，热闹喧腾，每条街道、每户人家都洋溢着节日的喜庆。为了让官员、百姓可以更好地享受节日，宣宗解除夜间不许通行的禁令，让百姓和在京官员们一道欢庆节日。

明宣宗一向与大臣们关系融洽，所以元宵佳节宣宗也要讲究"君臣同乐"。《明宣宗实录》对这一年元宵节的盛况有过这样一段记载："上御正朝受贺大宴文武群臣及四夷朝使。丁卯，庆成礼毕，中官奏常岁皆以今夕于皇城门及宫殿门张灯。上曰：'张灯乐事，虽故事，但明旦方以庆成宴百官，余敬尚在，可以来夕张灯。'"

再看《古廉文集》中的一段记载："是夕，皇上奉皇太后于西苑，放灯观赏。又明诏文武百僚由西安门入，同观之。既夕，赐坐于圆殿万岁山前、太液池之上。环池至于山顶，万灯齐举，光焰烛天，晃焉如昼。命光禄设宴，教坊呈百伎，传宣群臣，乐饮至醉。既醉罢出，而月当午矣。"

从这两段记载中可看出，宣宗不仅设宴群臣，还与诸位大臣共同观灯，共享佳节乐事。宣宗八年的元宵节，可谓举国上下共同的欢腾庆典，上至皇帝，下至百姓，都享受到节庆特有的娱乐，感受到特有的欢愉。

当然，除这种规模宏大的节庆娱乐外，宫中也有一些"拿不上台面"的小娱乐。还以明宣宗为例，宣宗在位期间国家经济稳定富足，君臣融洽，与自己的父亲明仁宗在位的时期并称"仁宣之治"。但就是这位颇有政绩的皇帝，却有个不太好听的名号——"蟋蟀皇帝"。

"蟋蟀皇帝"的称号由何而来？主要还是由于宣宗对斗蟋蟀极度喜爱，甚至已经到了痴迷的程度。

宣宗从小就喜欢斗蟋蟀，长大后当了皇上，兴趣依旧不减，经常命太监在紫禁城中为他抓蟋蟀，陪他斗蟋蟀。斗蟋蟀这种娱乐在民间也有，玩法很简单，一般分两方，双方都有各自的蟋蟀，双方各选一只蟋蟀放入一个柱形的圆盆中，让两只蟋蟀角斗，看哪一只可以将另一只打败，哪一方就获胜。这种让蟋蟀代替自己争强斗胜的游戏，非常受当时的男性欢迎。有钱的人家，可以花重金去购买品相上好的蟋蟀，就连装蟋蟀的笼盒、斗蟋蟀用的盆罐的制作也极为考究。

作为皇帝的宣宗，自然也不会在"斗蟋蟀"的队伍中落后于人。为了寻找更多"战斗力强大"的蟋蟀，宣宗没少费心思。他嫌北京一带土质瘠弱，养不出好蟋蟀，便特地派宦官到地力肥沃的苏州去采办优质蟋蟀，还密令苏州知府况钟协助办理："敕苏州知府况钟：比者内官安儿、吉祥采取促织，令他所进数少，又多有细小不堪的，已敕他未后运自要一千个。敕至，尔可协同他干办。"

宣宗在下命令时，可能没有想到这会给江南百姓带来多大的麻烦。江南当地官员为了采集够一千只蟋蟀，将任务都推给了百姓。江南百姓为了不被追究责任、不惹祸上身，纷纷到处翻墙倒瓦，铲草挖土以寻蟋蟀。有钱的人，会用钱收购蟋蟀，导致蟋蟀价格猛涨十倍。

关于百姓为宣宗搜寻蟋蟀，还流传着这样一个故事。说枫桥有个粮长（明代征解田粮人员），在市场上的一个小贩手里发现了一只上好的蟋蟀。小贩出价很高，粮长手头没有那么多现银，只得用自己的马去交换，这才将这只蟋蟀买到手。粮长终于完成了找蟋蟀的任务，松了口气，捧着蟋蟀回了家。粮长家中的妻妾们也听说了蟋蟀事情，都很纳闷，心想：这小小的蟋蟀难道有三头六臂，还是可以生出黄金，竟值一匹马的价钱？妻妾们抑制不住心里的好奇，打开了装蟋蟀的笼盒，可还不待看清楚，里面的蟋蟀就跳了出来，眨眼的工夫就逃得没影了。妻妾们自知闯下大祸，无法弥补，都上吊自杀了。粮长既失皇帝贡物，又丧妻妾亲人，也跟着自杀身亡。

谁能想到，一只小小的蟋蟀竟要了一家人的性命。

一时间民间因收集蟋蟀而怨声载道。为了讽刺皇帝的这一娱乐爱好，人们便开始称他为"蟋蟀皇帝"。

说了这么多明朝的娱乐活动，再说说清朝的。满族定鼎中原后，宫中娱乐活动也发生了变化。受汉文化影响，入关前"篝火观舞""饮酒摔跤"等形式粗犷的娱乐渐少，戏曲成为宫中重要的娱乐享受。

乾隆皇帝极喜好戏剧，当时宫中采用的剧本，除民间传入的元明杂剧和传奇外，还有内廷词臣奉旨编写的新剧。这些剧本采撷史籍，借古咏今，辞藻富丽，曲调考究，按演出的形式可分为：月令承应、法宫雅奏、九九大庆和连台本戏数种。题材丰富的剧本保障了宫中频繁的演出需要。宫中不论是皇帝还是妃子，都热衷于此。

乾隆对戏剧的热爱，一定程度上推动了中国戏剧的发展。乾隆五十五年（公元1790年），为庆贺乾隆皇帝80岁寿辰，以安徽著名徽剧艺人高朗亭为台柱的徽班三庆班进京献艺。之后，又有十几个徽班相继进京，其中实力最强的是三庆、四喜、和春、春台，合称"四大徽班"。徽班进京后，广泛吸收流行在北京的京腔、秦腔以及其他剧种的长处，南北融合，逐渐形成了自己的艺术风格。徽班进京意味着京剧的发端。道光年间，湖北的汉调进京，与徽调相互吸收、融合。徽、汉两调合流，逐渐形成了一个新的剧种——京剧。

如今，京剧已成为国粹艺术，是中国贡献给人类的一项重要的文化遗产。京剧按角色分类，分为四种行当，即生、旦、净、丑。每个行当中又有更细的分工。生行包括老生（京剧舞台上的中老年男子）、小生（京剧舞台上的青少年男子）、武生（京剧舞台上的武将和英雄豪杰）、红生（京剧舞台上勾红脸的角色）、娃娃生（京剧舞台上的儿童）。旦行包括青衣（京剧舞台上端庄、娴静的女性形象）、花旦（京剧舞台上妩媚、俏丽的青年女性）、刀马旦和武旦（京剧舞台上武艺超群的古代妇女）、老旦（京剧舞台上的老年妇女）、彩旦（京剧里的滑稽女性人物）。净行即花脸，包括铜锤花脸（以唱功为主）、架子花脸（以做功为主）、武净（以武打为主）等。丑行包括文丑、武丑。

京剧表演中的主要手段有唱和念白。京剧唱腔主要包括西皮、二黄，它们各有许多板式。西皮主要板式有原板、慢板、二六、南梆子和流水等；二黄主要板式有原板、三眼等；念白主要有韵白和京白等几种。韵白是京剧念白的主要形式，用湖广音、中州韵念，拖音长，抑扬顿挫；京白以北京方言为准，比较接近口语，突出了北京方言的京腔京韵。

戏剧自传入宫中就一直从未间断，直到清朝覆灭，才渐渐消匿于紫禁城中。1923年8月，在漱芳斋为敬懿皇贵太妃生日举行的一次外班演出成为宫中绝唱。掌管宫廷戏曲演出活动的机构升平署随小朝廷的覆灭而消失，延续二百多年的宫廷戏剧活动从此结束。

《四库全书》与文渊阁

《四库全书》是乾隆皇帝在"文字狱"背景下亲自组织的中国历史上第一部规模最大的丛书。编纂《四库全书》的计划是在乾隆三十七年（公元1772年）时提出的，当时安徽学政朱筠提出《永乐大典》的辑佚问题，得到乾隆皇帝的认可。乾隆下令将所辑佚书与"各省所采及武英殿所有官刻诸书"，汇编在一起，名曰《四库全书》。

《四库全书》的编纂工作极受乾隆的重视。乾隆想要笼络当时的读书人钻研儒家经典，为封建统治者效劳卖力，而《四库全书》

的编纂就是达成这一目的的重要途径。《四库全书》从酝酿到修成，乾隆始终参与其中，并精心策划。从征书、选择底本，到抄书、校书，乾隆都一一过问，亲自安排。编纂过程中所需资金全部由清廷承担，编纂人员专心著书便可。

《四库全书》从酝酿到编纂完成，共用10年。丛书分经、史、子、集四部，也是书名"四库"的由来。该书共收录古籍3503种、79337卷，装订成36000余册。这部巨著不仅卷数众多，装帧也极为精美。每册均用绢丝分4种颜色包裹书皮：经部用浅褐色，史部用大红色，子部用土黄色，集部用深灰色。4种颜色也是有寓意的，象征着春、夏、秋、冬四季。书内均为上等白榜纸，每页画着朱丝栏，共16行，用极为工整的字体缮写，书口画尾上写"钦定四库全书"，下写书名及页码，每书前冠以该书提要，次写该书内容。

《四库全书》完成后，先后抄写了四部，分别存放在不同的地方。抄写的第一部，放在紫禁城中的文渊阁内，其余分别藏于圆明园的文源阁、承德避暑山庄的文津阁和沈阳故宫的文溯阁。之后，乾隆又陆续命人抄写过几部，分藏于杭州的文澜阁、扬州的文汇阁和镇江的文宗阁。这七阁中所藏版本被称为"正本"。除此之外，翰林院内还藏有一套副本。

时至今日，当年的7部正本国内也只剩下4部。文渊阁本在中国台湾，文津阁本在北京图书馆，文溯阁本在甘肃省图书馆，文澜阁本在浙江省图书馆。而藏于圆明园文源阁的正本在1860年英法联军火烧圆明园时被焚毁；文汇阁本及文宗阁本毁于太平天国之手，就连翰林院的副本也难逃乱世之灾，先被英法联军毁坏大部分，继而又被八国联军劫往国外，现英国藏书楼存有一部分。

文渊阁位于紫禁城东南角，文华殿的后面。此阁珍藏着《四库全书》的第一部正本。

文渊阁是为了《四库全书》而建。乾隆三十九年（公元1774年），

《四库全书》编纂工作开始已有两年，乾隆考虑到书成之后的藏书问题，便诏杭州织造寅著勘察宁波范钦所建藏书楼天一阁的式样结构，以作为紫禁城中建造藏书楼参考。同年10月，文渊阁便在文华殿的北面开始营建。

乾隆四十一年，文渊阁竣工。从外观来看，文渊阁与天一阁大致相同，都分为上下两层，每层各6间房。6间房对于当时的建筑来说是一个特例，打破了古时建筑多为奇数的常例。这也并不是当时建筑师们的革新，而是根据汉代郑玄所注《易经》中的"天一生水，

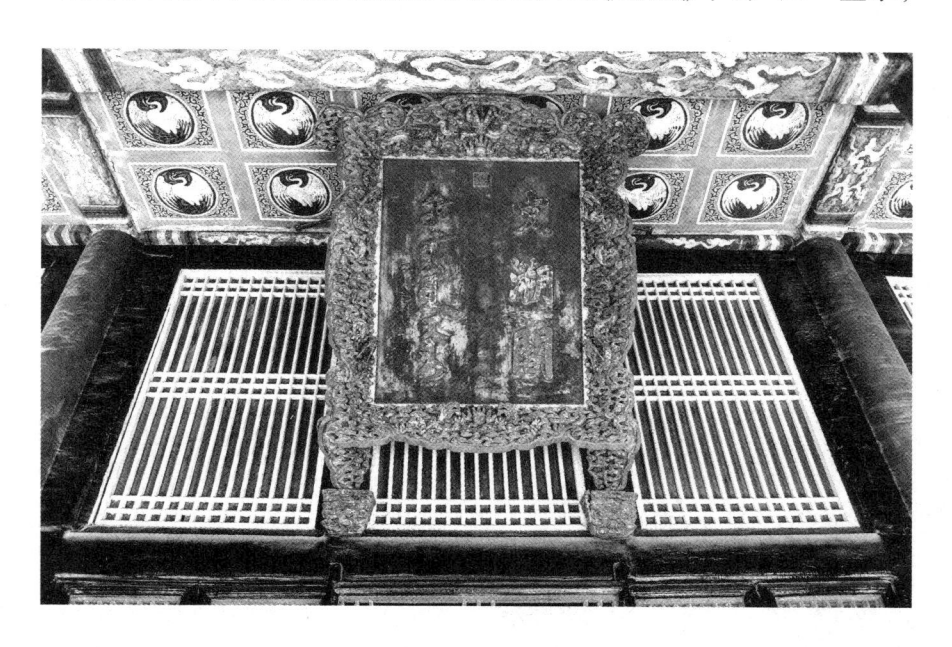

地六成之"的说法，取以水克火之意，毕竟藏书的地方最忌讳的便是火。

文渊阁外观虽为两层，但内部结构实为3层，这种结构不同于天一阁，是对天一阁结构进一步的发展、改造。内部的3层结构是将天一阁上层地板之下浪费的腰部地位利用起来，又增加了一层。这样不仅不影响外观，还充分利用了空间，大大提高了文渊阁的藏

书量。

　　当时，清朝宫殿的柱、门、窗具漆朱漆，但文渊阁的柱子却均漆以深绿色，门和窗用的是褐黑色。彩画题材也摒弃皇宫中通用的金龙和玺图案，以白色为多的苏画代之。就连屋顶的琉璃瓦也不用黄色，而是选用黑色，并以绿色琉璃镶檐头。选用黑色也是根据"以水克火"的原则。黑色按照中国的五行学说，属于北方，主水。正脊用绿色为底，其间起伏着紫色琉璃游龙，再镶以白色线条的花琉璃。相比紫禁城中讲究红墙黄瓦的其他宫殿，文渊阁的色调则显得冷了许多，但在四周苍松劲柏的掩映下，这里的冷色调却显出一份独有的古朴、静雅的气息。

　　文渊阁竣工后，乾隆皇帝还亲自写了一篇"文渊阁记"，让人镌刻在石碑上，立于阁东一四脊攒尖、翼角反翘的驼峰式亭内。

　　文渊阁虽是为《四库全书》而建，但《四库全书》修成之前也并不是毫无用处。文渊阁未建成前，皇帝多在文华殿举行春秋两季

经筵。文渊阁建成后，则改于阁内举行经筵。等到乾隆四十七年（公元1782年），《四库全书》大功告成后，乾隆又在文渊阁内宴请编纂《四库全书》的总裁、文渊阁领阁事等有关官员。

　　文渊阁与《四库全书》息息相关，而两者又从侧面反映出清王朝的统治。《四库全书》虽然内容丰富，几乎囊括了古代所有图书，保存了丰富的文献，但不可否认的是，《四库全书》在整个编纂过程"毁书"更是不少，对于凡是"诋毁"满洲贵族封建统治的著作，全部毫不留情地加以篡改、排斥不录，甚至焚毁。与此同时，乾隆还大兴"文字狱"。许多文人轻则入狱流放，重则满门抄斩。据统计，全毁的书有2453种，毁掉部分的书有403种，这无疑对中国文化造成了不可弥补的重大损失。

　　现在，《四库全书》已经摆脱了清朝皇室的印记，成为了文化瑰宝，而文渊阁也继续安静地伫立于紫禁城中。

　　文渊阁周围树木的枝叶随风摇曳，沙沙作响。恍惚间，仿佛闻到了阵阵书香，听到文人大臣们在反复念叨着哪句诗词著作……历史的书卷悄然翻过一页，而它们也终成为一个无言的见证者。

"正大光明"的背后

　　乾清宫中最引人注目的，莫过于殿内正中悬挂的"正大光明"匾额了。牌匾上"正大光明"四个字是由清朝第一个入驻紫禁城的皇帝顺治御笔亲题，后经康熙皇帝模勒刻石后，复由乾隆皇帝再度临摹，并制成匾额悬挂起来。

　　"正大光明"典出《周易》："大者正也。正大，而天地之情可见矣。"（《大壮·象辞》）"刚中正，履帝位而不疚，光明也。"（《履·象辞》）意思是：大者正也，如天道正，君道正，父道正。由此可使万物正，臣民正，家人正。正其大者，可发现和掌握天地间的情势和规律。国君若有中正之德，处帝王之位而无灾病，其事业自然"光明"。短短四个字包含了为君之道的深厚内涵，怎能不让三位皇帝一书再书，最后干脆高悬于乾清宫的正中，时刻提醒后世之君。

关于"正大光明"这一匾额，背后还有段鲜为人知的故事呢。

康熙皇帝共有35个皇子，随着康熙年事增高，立储的问题却迟迟没有解决。直到康熙六十一年（公元1722年，清朝规定，新皇帝接位，至第二年才改纪年），康熙仍旧犹豫不决，没有公开表示过立哪位皇子为储君。由于康熙的态度不明确，致使35个皇子为争夺皇位展开了激烈的内斗，兄弟阋墙，骨肉相残，一场看不见硝烟的战争在红墙黄瓦的紫禁城内外悄然展开。最后，四皇子雍正取得了这场战争的胜利。

但是，事情并没有真正结束。有关雍正篡改遗诏，将"传位十四皇子"改成"传位于四皇子"的传闻，开始在朝野中流传开来。至今，许多人仍对当时康熙的遗诏存有疑虑。

鉴于自己的亲身经历，雍正深刻意识到立储方式的重要性。之前清朝没有正规的立储制度，这种不严谨的作为造成了许多不必要的事端发生。为了避免再次上演争夺储位的情况，雍正想出了一套安全可靠又极为严密的立储制度。具体操作方法是：由皇帝亲自密写确立储君的谕旨，一式两份，分别藏于两个密匣内。两份谕旨，一份放于乾清宫"正大光明"牌匾后面，另一份由皇帝亲自密藏，待日后需要确立新君的时候，再拿出来两相对照。这种制度，避免了兄弟之间自相残杀式的内斗，也不会再有人对立储的旨意产生怀疑，散播谣言。

　　雍正十三年八月二十三日（1735年10月8日），雍正帝病逝。大臣们从"正大光明"的牌匾后面取下放有立储决定的密匣，当众打开，同时又拿出另一份密谕进行对验，待验证两相吻合后，遂按照谕旨宣诏，让弘历即位。所以，乾隆皇帝可以说是这个立储制度的第一个受惠者。之后，这种立储制度一直被历代清朝皇帝所沿用。现在，中国第一历史档案馆还保存着一份由道光皇帝亲笔书写的立储密谕以及装密谕的密匣。

　　"正大光明"四字高悬于殿堂正中，它经历过偌大紫禁城中的沧桑巨变，参与并见证过这城中的历史事件。时光飞逝，城中的皇帝不见了，匾额后面决定大清朝命运的谜语再也寻不到，但这四个字所承载的意思，将如同它闪耀的金色，永远印证在人们的眼中、心中。

隆宗门上的箭镞

　　紫禁城中的故事很多，好像随便的一瓦一木都可以牵扯出一段或缠绵或离奇的秘史。比如太和门前的那对铜狮子，相传那对铜狮子中的一只曾被一个力大无比的侍卫挪动过位置；再如，据说乾隆曾在南巡中拿箭射中一只仙鹤的脚，而那只仙鹤就是紫禁城中某只

铜仙鹤，至今某个宫殿的铜仙鹤左腿上，还留有一块箭射的伤痕……但这些都终归是传说罢了，没有人觉得太和门前那对威武铜狮的位置有什么不妥，更没有人找到过那只有箭痕的铜仙鹤。不过，紫禁城里的众多故事中，也的确有一些是有理有据的。

位于乾清门前广场西侧的隆宗门，是内廷与外朝西路及西苑的重要通路，是紧靠皇帝住所的一处重要禁门。这处重要的禁门的匾额上，赫然有一节箭镞深深地插在上面。直至今日，只要仔细留意观看，仍会看到那支已经生了锈的箭镞。如若再深入观察的话，还可以发现隆宗门房檐的某根椽子上，也有弓箭射过的痕迹。

箭镞，是指箭头上的金属尖物，也就是箭前端最具杀伤力的部分。为什么隆宗门的匾额上会被射进如此有危险性的武器？这还要从清朝嘉庆年间的一场事变说起，据说那箭镞就是在那场事变中留下的。

嘉庆十八年（公元1813年），北方农民中流行起一个名叫"天理教"的教派。天理教是白莲教所衍生出来的一支派系，领导人是北京南郊宋庄人林清和山东的李文成。天理教的内容掺杂着迷信、故弄玄虚的卜算和咒语，是一个彻头彻尾的邪教。当地农民由于文化程度低，对于这些故弄玄虚的把戏深信不疑。很快，在林清和李文成身边就集聚起一批强大的农民势力。众多教徒中，还有在紫禁城中当班的太监刘得才和刘金。

这一年的九月十五日，天理教准备起义，教徒们不是从地方发起叛乱，而是打算直接攻进紫禁城。天理教教徒乔装打扮，兵分两路，从东华门与西华门进入宫城。西华门一支在刘得才和刘金等人的引领下直奔隆宗门。

眼看起义就要在紫禁城中上演，但此时紫禁城的主人嘉庆却未在宫中，而是在从热河回宫的途中。皇帝不在，宫中由王公镇守，军事防备较之平时要疏忽许多。

大概紫禁城的皇室们做梦也不会想到一群农民会有胆量直闯紫禁城。

但就是这做梦也不会想到的事情，真实地发生了。从西华门方向而来的70多个天理教教徒很快就攻到了隆宗门。对于这仿佛从天而降的"起义"，坐镇紫禁城的王公顿时慌了手脚，急急忙忙召集紫禁城中的侍卫前去平息叛乱。

一时间，隆宗门前刀光剑影，喊杀声不绝于耳。躲在室内的王公急得团团转，过了许久，才终于想起火枪营正在

皇宫东部的箭亭集训，连忙命人将火枪营调来镇压叛乱。火枪营赶到后，天理教很快就陷入劣势。最后，教徒打算玉石俱焚，放火烧掉隆宗门，但是未能如愿，转眼就被清廷侍卫制服。

叛乱结束没多久，隆宗门前就被人打扫干净，仿佛这里什么也没有发生过。天理教的整场叛乱犹如一场闹剧，剧目结束，观众散场，舞台上的一切瞬间找不到了痕迹，唯有隆宗门匾额上那一节箭镞，证明着这一段哭笑不得的历史确实存在过。

后宫情仇

后宫中的故事，一向是影视文学作品的一个热门主题。但是，后宫真的如影视文学作品中所展现的那样吗？后宫中女人们的生活真如文艺作品中所展现的那样吗？

后宫是紫禁城的内廷部分，而"三宫六院"中"三宫"就是内廷"后三宫"：乾清宫、交泰殿、坤宁宫。"六院"指的就是在"后三宫"东西两侧的东西六宫。东六宫为：景仁宫、钟粹宫、承乾宫、景阳宫、永和宫、延禧宫。西六宫为：储秀宫、翊坤宫、长春宫、永寿宫、启祥宫、咸福宫。这东西六宫，就是皇帝的妃嫔们所居住的地方。

后宫的女人们虽不参与朝政，不会封官晋爵，但依旧逃不开权力的旋涡。都说"一入宫门深似海"，这话并不夸张。按说后宫的女人们都是侍奉皇上的，但仍有高低贵贱之分。有了等级身份的差别，就会造成人对权力的欲望，有了欲望，后宫就不会是风平浪静的地方。在威严的宫殿、苍劲的松柏、美丽的花园的掩映下，激烈的宫斗波涛暗涌不断。

后宫的女人们要想在后宫有地位，除了依靠娘家的势力，最重要的还是要获得皇上的宠幸。清朝末期，光绪皇帝有一爱妃，曾名噪一时，之后却传说被慈禧杀害。这名妃子即"珍妃"。珍妃为什么会死？她在后宫权力斗争中扮演着什么样的角色？

珍妃姓他他拉氏，满洲镶红旗人，其祖父是陕甘总督裕泰，其父长叙曾任户部右侍郎，其伯父长善乃广州将军，10岁的时候，随伯父进京。光绪十五年（公元1889年），珍妃与姐姐一同入选宫中，15岁的姐姐封为瑾嫔，13岁的珍妃被封为珍嫔，为九等宫女序列中的第六等，直至光绪二十年甲午春（公元1894年），因慈禧太后六旬万寿加恩得晋嫔为妃（四等）。

珍妃样貌可人，聪明活泼，很懂光绪帝的心思，总说光绪爱听的话。除此之外，她还多才多艺，琴棋书画虽说不上极为精通，但也都略懂一二，也就渐渐成为光绪最宠爱的妃子。光绪立后时，有心将珍妃立为皇后，但慈禧却不愿意，强令光绪立了自己的侄女为皇后。

大概是叛逆心理，也或许光绪对珍妃是真爱，总之，立后之后，

光绪对自己的皇后万般冷落，对珍妃却是宠爱更甚。由于珍妃为人实在讨喜，慈禧对光绪独宠珍妃虽略有不满，但也并没有真正计较，一直是睁一只眼闭一只眼。

随着列强对中国欺凌的日益加深，图强的新思想开始冲击着中华大地，就连坐在紫禁城中的光绪皇帝也在爱国大臣的启发下，开始渐渐接受了新思想，并决心要从慈禧手中夺回朝政大权，重振朝政，推行强国新法。光绪的这种行为，引起了慈禧的极度不满。但珍妃很支持光绪，她一向喜欢新事物，所以对于新思想的接受度也很高，可以说是光绪皇帝背后最大的精神支持者。

珍妃对光绪的支持，触动了慈禧的逆鳞。光绪二十年（公元1894年）十一月初一，慈禧以"妃嫔不得干政"为由将珍妃幽禁。不过，关于珍妃被罚还有另一种说法。据胡思敬《国闻备乘》所记载，珍妃曾利用职权，勾结太监进行买官卖官的买卖，事情暴露后，

受到了慈禧的惩罚。不管是哪种说法，珍妃是以光绪为首的"帝党"的支持者是不争的事实。不管是以何理由，慈禧早晚都会对付她。

光绪二十六年（公元1900年）八月初，八国联军攻入北京，慈禧太后带着光绪与皇后慌忙逃出北京。离开北京的皇家队伍中并没有珍妃，这当然也是慈禧的安排。因为在离开北京前，慈禧已经"处理"了珍妃：命太监崔玉贵将其推到了井里。关于珍妃之死众说纷纭，虽然确定珍妃是死于井中，但到底是"被推"还是"自投"一直没有定论。无论如何，她都是慈禧与光绪所代表的两方势力相争的一个牺牲品而已。

紫禁城百年历史中，除了死于权力斗争的珍妃，还有许多从未参与权力斗争，但仍在历史中留下了浓墨重彩的一笔的女人。

入住紫禁城的第一位清帝顺治帝曾有一位爱妃——董鄂妃。董鄂妃与顺治皇帝一直恩爱有加，相敬如宾，着实过了一段甜蜜的时光。尤其是在董鄂妃为皇室诞下一位小皇子后，二人更是欣喜若狂。也许是之前的时光太过幸福，当厄运到来时，对二人的打击也更加沉重。小皇子降临人世没有多久就夭折了，董鄂妃因孩子的离世积郁成疾，于顺治十七年（公元1660年）八月十九日病逝。董鄂妃的死对于顺治帝来说犹如晴天霹雳，他甚至一度想要剃度出家。董鄂妃病逝的第二年，顺治皇帝也因为郁结成疾，驾鹤归西。

董鄂妃与顺治皇帝的结局虽不甚圆满，但他们的感情没有因紫禁城中积聚的各种欲望而被污染，竟成就了历史上的一段爱情佳话。

六百年紫禁城，后宫中曾居住过不计其数的女人。她们之中有如珍妃一样的权力的牺牲品，也有如董鄂妃一样在宫中求得一生挚爱的幸运儿。庭院深深，殿堂悠悠，"三宫六院"记述了孝庄文太皇太后辅佐两代君主贤良、睿智的一生，也记录了慈禧追求权力终将清朝逐步推向深渊的一生。

时光飞逝，时代更迭，后宫中的女人们除了名字被孤零零地留在纸上，她们的嬉笑怒骂、恩怨情仇都已随风而逝，再寻不到痕迹。

太监的天下

　　太监也称宦官，通常是指中国古代被阉割后失去性能力的男人，他们是专供皇帝及其家族役使的人员。太监因为身体的缺陷，常受轻视或歧视，所以一般只有走投无路的穷人才选择进宫做太监。回顾整个中国历史，不难发现，这个并不光彩的人群却在其中扮演着极为重要的角色，有许多大太监更是曾经把持朝政，权倾朝野，甚至成为凌驾于皇权之上的"大人物"。这些出名的太监往往都是大奸大恶之徒，常因满足自身贪欲而将整个国家和人民置于水深火热之中。其中，明朝宦官专权的现象就极为严重。

　　最开始，明朝并没有给宦官过多专权的机会。明太祖朱元璋曾说："吾见史传所书，汉唐末世为宦官败蠹，不可拯救，未尝不为之慨叹。"由此可以看出，他深知宦官祸国乱政的劣迹。朱元璋对宦官采取了一系列的限制，比如明确规定宦官不得兼外臣文武衔，不得穿戴外臣衣服、帽子，官阶不得超过四品，官府各部门不得与宦官进行公文往来，等等。为了提醒后人，他还特地在一块铁牌上刻"内臣不得干预政事，预者斩"这几个大字。

　　但朱元璋不仅不信任宦官，也不信任丞相，撤销了丞相一职，全国上下大小事宜都由皇帝一个人来处理，所以朱元璋最后也不得不将一些事交给宦官去做，比如派遣宦官参与税务，参与茶马交易，委派宦官特使，而且还增设宦官机构，后来的二十四衙门就是在洪武朝奠定的基础。在朱元璋当政的中后期，宦官开始在政治舞台上露面，但因最初的许多限制仍然有效，宦官并没有兴起较大的势力。

　　宦官势力开始逐渐兴起是在明成祖朱棣执政时期。历史上宦官的职务，秦有中车府令，汉唐沿袭不变，至于中谒者、中常侍之类，都是以中字名宦官，明洪武年间以监正、监副、监丞名门正、门副之类，而到永乐初"始改监正曰太监"，这也是太监地位上升的一个证明。

朱棣并不避讳重用宦官，例如"七次下西洋"的郑和就是一名由朱棣提拔上来的太监，也是历史上难得的正面太监形象。

大名鼎鼎的东厂，是朱棣在位时期设立的。永乐十八年（公元1420年），这个以宦官为主体的缉捕机构建成，由司礼监主管，专办"机要事务"。由于设在东安门外，所以叫东厂。东厂首领由秉笔太监兼任，下设掌刑千户和理刑百户各一员，称贴刑官。

如果说明成祖让宦官"扬眉吐气"，那么明宣宗设立内书堂则为宦官势力日后壮大，甚至专权，提供了极有利的途径。内书堂就是宫内较小太监读书识字的地方。太监开始读书识字，无形中为以后参政提供了方便。

长年累月，历代皇帝种下的因，最后终于酿成宦官势力壮大，嚣张跋扈、扰乱朝政的恶果。如明武宗时期被称为"立皇帝"的刘瑾、明熹宗期间的"九千岁"魏忠贤等，都是明朝乃至中国历史上出了名的独揽大权、祸乱朝纲的大太监。

明朝的宦官体制究竟赋予了宦官多大的便利与权力？首先了解一下明朝的宦官体制。

"十二监、四司、八局，所谓二十四衙门也"，二十四衙门是明代宦官的主要体制。十二监包括：司礼监、御马监、内官监、司设监、御用监、神宫监、尚膳监、尚宝监、印绶监、直殿监、尚衣监、都知监。四司包括：惜薪司、钟鼓司、宝钞司、混堂司。八局包括：兵仗局、银作局、浣衣局、巾帽局、针工局、内织染局、酒醋面局、司苑局。

除了二十四衙门，宦官还掌有很多部门，比如文书房、中书房、提督东厂、御前近侍、提督京营、南京守备等，这几个只是宦官衙门中上层的机构，其他诸如管理日常生活、油盐酱醋方面的宦官部门还有很多。

由此可看出，明朝时期宦官的权力遍布朝廷的方方面面，最重要的政治、经济、军事，宦官权力均有涉及。在如此体制下，明朝能不造就出所谓的"立皇帝""九千岁"吗？

有了明朝的经验教训，等到清朝时，对宦官的管理则要慎重许多。自顺治开始至宣统，全都不遗余力地抑制宦官势力，其中以康熙、雍正、乾隆三朝为最。清代所采取的裁抑措施，收到了良好的效果。清代，宦官势力基本上被局限在内朝，虽然清末出现过个别宦官专权，但基本上还是被限制在内朝，并未危及整个朝廷。

清朝的太监全部是汉人，旗人是不允许入宫做太监的。清初，宫廷中还留用了一批明亡时留在宫内的部分太监。清朝的宦官制度于顺治帝时期就已建立，到康熙皇帝时，规定由内务府总管宫廷事务，并设立敬事房作为太监的管理机构。

掌管敬事房的太监称为总管、副总管，而敬事房就是总管和副总管的办公处。入宫满30年的资深太监才有资格充任太监首领，官品不得超过四品。不过，这个限定在慈禧执政时被打破。

相比明朝，清朝宦官的权力所及之范围要小许多。如明代司礼监太监具有承宣谕旨、代行批朱大权，清代这些权力已经转移到军机处，宦官根本不可能参与其中。

从康熙时就已将宦官的地位定为最下等。康熙曾下谕：太监最为下贱，虫蚁一般之人。长年累月，宦官的低下地位变得法律化，根植到当时所有人的思想中，无形中将宦官势力的发展禁锢住。明代权阉，常常凌驾于朝臣之上，肆意辱骂大臣的现象随处可见。这种现象在清代几乎不可能出现，清代则规定：宦官在途遇朝臣时必须恭敬站立让道，不得放肆无礼，若宦官直呼大臣姓名，"立杖四十"。

不管是明朝的太监还是清朝的太监，他们都在历史上扮演过重要的角色，是中国古代历史中不可或缺的一部分。

紫禁城的禁卫系统

明朝紫禁城的禁卫制度多有更易，较为混乱。相比之下，清朝的禁卫制度则更加清晰完整。清朝紫禁城中，执行宿卫任务的禁卫人员分为掌守门户和侍从兼宿两种：第一种是禁卫军护军营将士，第二种是侍卫。

先说护军营。护军营是皇宫与皇城守卫、护驾中，所负职责最多的一支禁卫军。紫禁城以内的守卫，专由禁卫军护军营的将士所承担。他们的职责是：平日守卫宫殿门户，稽查出入，皇帝出巡则护从，驻跸则守卫御营。

紫禁城中大大小小的门几乎都由护卫营负责守卫。不过，根据守卫的门的重要性不同，负责守卫的护卫营人员的级别也不同。如顺贞门、景运门、午门是由护军统领亲自值守，其中景运门为禁卫中枢，皇帝专门安排了禁卫军前锋营的统领与护军营统领轮流值守；东华门、西华门、神武门、后左门、后右门、苍震门、启祥门、吉祥门是由护军参领亲自值守。其余各门均有中级军官带兵守卫。

护军营除了要负责紫禁城各门日常的守卫，还要负责掌管紫禁城外朝宫门的启闭。每天傍晚，在景运门值班的上三旗司钥长负责检查皇宫内各个门户的锁闭情况，依次检查后左门、后右门、中左门、中右门、左翼门、右翼门、太和门、昭德门、贞度门的锁是否已经锁好。另外，午门、东华门、西华门、神武门分别由隆宗门、苍震门、启祥门、吉祥门的各护军参领查验。

待锁好门后，各门护军负责人将钥匙交给司钥长，司钥长再将各门的钥匙放置于一个固定的木箱中，钥匙放好后，木箱会上锁。等到次日清晨，再开启木箱，将钥匙分配给各门的负责人前去开门。

负责守卫紫禁城内各门的上三旗（清代由皇帝直接统辖的三个旗：正黄旗、镶黄旗、正白旗）护军，每旗设两个班，共设六班，每班隔六天值一次。而守卫皇城外围的任务则由下五旗护军承担。紫禁城东、西、北三面的宫墙外，共设有守卫围房732间。

紫禁城的报时任务也由护卫营的将士负责。古时每夜报时称为"传筹"，紫禁城每夜传筹，共设十三筹。明代时的传筹工具是铜铎，而到了清朝这种工具就被淘汰了。清朝护军营的将士每晚要有三个周回在传筹，第一个周回是从景运门发筹，第二个周回是从隆宗门发筹，第三个周回是从中左门发筹。

再说清宫的侍卫亲军。清宫侍卫机构称为侍卫处，曾改称为"领侍卫府"，首领是领侍卫内大臣，平行设6人，位居正一品，上三旗每旗各2人。其下是内大臣6人，散佚大臣没有固定人数。除了管理层，侍卫的等级分四等：一等侍卫、二等侍卫、三等侍卫、蓝翎侍卫。这四等侍卫分别有固定的人数限制：一等侍卫60人，二

等侍卫150人，三等侍卫270人，蓝翎侍卫90人。其中一等侍卫也算是高级武官，官居正三品，同时担任侍卫军中的协理事务侍卫班领或侍卫班领。

　　皇宫侍卫一般都会从满族子弟中挑选，许多满族朝臣最初入仕都是从普通侍卫做起的，如大家所知道的大贪官和珅，也是从侍卫做起，逐渐受到皇帝青睐，进而步步高升，直至走到"一人之下，万人之上"的地位。因此，皇宫侍卫机构可以说是培养满族官员的基地，是众多满族子弟奔赴前程的起点。

　　为了调节满汉之间的平衡，加强侍卫军的力量，康熙年间增置了汉人侍卫。汉人侍卫的入选不同于满族子弟，能够入选侍卫亲军的都是武举中的"高才生"。由于一般都是汉人通过武举进入侍卫亲军，所以后来清廷规定凡是武进士出身的侍卫，不论其是否为汉人，都称为汉侍卫，而汉侍卫的升迁是受到限制的。

　　在清朝的宫廷侍卫官中，有御前侍卫、乾清门侍卫等。在皇帝身边日常侍从、值宿的高级侍卫，称作"御前侍卫""御前行走"；稍低一级的是"乾清门侍卫""乾清门行走"。其中"行走"可以说是一种虚衔，但"行走"带有"见习""预备"之意。拥有这个衔位的人，可与御前侍卫、乾清门侍卫一样，成为内廷近御之臣，并经常奉差、执事。御前侍卫及乾清门侍卫待遇很高，尤其是御前侍卫，属于高级武官，位居二品。按照清制，这种侍卫官都是从满蒙勋戚子弟中选拔及武进士充任。

　　这些高级侍从的首领称为御前大臣。御前大臣从宗室王公中选任（雍正以后，御前大臣常以军机大臣兼任），一般为3至6人，职责是掌翊卫近御并兼管奏章事物。御前大臣领导的御前侍卫、御前行走、乾清门侍卫、乾清门行走的职责是在内廷侍值、稽查官员出入、带领被引见的官员入殿、扈从皇帝出行。

　　御前侍卫、御前行走，即侍从于皇帝近前。乾清门侍卫并不是只守卫在乾清门前，也是侍从于皇帝所在的殿外檐下。乾清门侍从是从一等侍卫中的满族成员中选拔的，乾清门侍卫中表现优秀者，有机会提升为御前侍卫。

作为御前侍卫，不仅俸禄相较其他侍卫要高，还有各种形式的补贴和恩赏，如帝后寿诞或扈从出行的话，还有相当多的赏赐。更重要的是，御前侍卫靠近皇帝，升迁容易。像前文中提到的和珅，他就曾从三等侍卫晋升为御前侍卫，后从御前侍卫正式踏入传奇的仕途生涯。

影视作品中常出现"腰牌"这个词，出入宫门时要向守门的亲军出示。这也是清朝紫禁城禁卫系统中重要的一环。经常入宫的人员，大到文武百官，小到杂役、厨师，他们都有名籍，在其经常出入的宫门各留有一套。影视剧中所说的"腰牌"，是这些人员身上所佩戴的证明自己身份的长方形牌子。腰牌上写着持牌人的姓名、职务，又因当时还没有相片这种东西，所以上面还会简单记述着持牌人的相貌特征。皇宫的每座大门以及进入内廷的各个门户，都设阅门籍护军，负责查验、核对入宫者。

如果是临时入宫的人，没有门籍，则由其隶属的机构发给一个火烙印的腰牌，上面写着该机构的名称，持牌人的旗分、姓名、相貌特征以及从事的差事。

这种腰牌、名籍制度并不是清朝首创，而是从秦汉时期就被王室所应用。

除了腰牌，还有一种东西是出入皇宫时需要用到的，那就是"符"。符一般为木制，每一对符都有阴阳两半。合符就是将预留的半符与持符之人的另一半符相合，才能执行持符人的使命。

有时，晚上皇上会临时派遣外出或有紧急军务，需要打开宫门，这时就需要"符"发挥作用。传达皇帝"圣旨"的符，也为木制，分别刻有阴文与阳文的"圣旨"二字。皇宫的重要门户东华门、西

华门、神武门、隆宗门、景运门各留一个阴文的"圣旨"符，阳文的"圣旨"符则另藏于一个上锁的匣子里。当皇上需要临时打开宫门时，可派近侍人员手持阳符前去让值班禁卫开门，待护军统领参领验过"圣旨"符无误后，便会开门放行。

　　清朝的紫禁城禁卫系统严密、复杂，这为紫禁城的安全提供了重要保证。不论是黑夜还是白天，紫禁城永远以一副生人勿进的森严形象屹立于北京城的正中，高高的城墙隔绝了外人窥探紫禁城的视线，而紫禁城的禁卫系统则为紫禁城构建起一道看不见的防护墙，保障着宫中的安全。

报警和火警

　　一提到紫禁城，就会想到它高大雄伟的宫殿，它所贮藏的奇珍异宝，甚至是其中流传的传奇故事。这座"大"城中有些值得关注的小细节，往往最能体现古人的智慧，反映当时的生活状况。

　　如果仔细观察，会发现紫禁城中的一些殿门前的栏杆都有些"特别"的地方。望柱头的顶部构造很是特别：栏杆的柱顶花头凿有圆洞，石柱沿着圆洞向下凿空，最里面还有连珠石球。像太和门两侧的协和门和熙和门，两道门的石栏杆的柱头顶部都有这些奇特的构造。

　　这些栏杆上的奇特构造，不是装饰品，不是风雨侵蚀造成的，

而是宫廷"报警器"。

　　当然，古代并没有"报警器"这个名词。这种装置在石栏杆上的小装置是宫廷警号之一，明朝时期就已存在，清朝入驻紫禁城后又对其进行了加工，又给它起了一个满语名字：石别拉。遇到紧急事件时，侍卫以一种特制的小喇叭插入孔中，用力吹气，这个奇特的装置就会响起如同海螺一般的呜呜声，声音并不刺耳，却可以响彻内廷。

　　逛过紫禁城的朋友也许注意过遍布在各个地方的大缸，许多重要宫殿前面都要放上几口。想必大家此时一定会产生一个疑问：这些缸究竟是做什么的？

　　这些大缸被称作"门海"，在皇帝的御诗中称为"金海"，作用是储水，以备灭火之用，相当于现在各个建筑里安置的消防箱。紫禁城中的建筑多是木制，防火极为重要，但明清时期没有灭火器，也没有自来水，火灾发生时，只能靠这些大缸里的水去浇灭。

紫禁城中的铜缸和铁缸原有308口，如今只剩231口了，其中鎏金铜缸是18口，分别放置在太和殿、保和殿、乾清门等重要场所。缸中的水不可以间断，必须时刻保持着有水的状态。北京四季分明，冬天很是寒冷，如若不对放置在外面的大缸采取保暖措施，缸中的水就会结冰，万一发生火灾，后果不堪设想。为了避免这种情况的发生，每到小雪时令，宫中就会有专人为大缸安设缸盖，盖中设铁屉，屉中放有火炭，以保证缸中的水不会上冻结冰。不过，光有盖子是不够的，所以大缸还有另一种保温、融冰的方式。原来，大缸底部有石基，石基中有一块石头是可以挪开的，当隆冬时节，缸中的水封冻后，熟火处太监负责在缸底烧火融冰。来年惊蛰时，再撤去缸盖铁屉。

虽说大缸中的水是用来灭火的，但是当火灾发生时，怎么将缸中的水浇到火上呢？如果是拿水桶取水，灭火效率未免太低。出于此种考虑，一种与大缸配套的设备应运而生，那就是激桶。

激桶起源于宋朝，清朝光绪年间改称作"消防"。激桶可以将大缸中的水抽出来，喷射到起火的建筑物上。具体操作方法是：激桶内有连接活塞的手柄，桶的一头接进水管，抽拉手柄，就可将缸中的水抽到桶中，接着再推动手柄，就可以将桶中的水激射出去。可以说，与现在消防员所用的水枪有异曲同工之妙。宫中激桶比贮水的门海还要多，单乾清宫就安设了65架。

紫禁城中这些细微到不起眼的小"机关"，其实都蕴藏着很大的作用，体现了古人的聪明才智，对我们更深入地了解紫禁城提供了重要帮助。

皇宫中的取暖设备

北京的冬天寒冷，尤其是当凛冽的西北风吹起时，寒气更是刺

入骨髓。所以时至今日，北京城的家家户户几乎都设有供暖设施，以抵御寒冷。那么，在没有暖气、空调等现代取暖设备的古代，紫禁城的皇族们是如何度过寒冷冬季的呢？

　　从外观看，紫禁城各建筑内都找不到可以生火取暖的地方，虽然凡是皇帝、妃嫔们居住或处理政务的宫殿，都是坐北朝南，并有厚厚的墙壁和屋顶抵御呼啸的北风，但如果没有取暖设施，冬天室内依旧会寒冷异常。是紫禁城中皇亲国戚们不惧怕寒冷，还是房屋内另有玄机？

　　原来，紫禁城的一些宫殿内并非没有生火取暖设备，而是设计得极为巧妙，从外表上看几乎看不出来。这些取暖设施一般都安装在炕床和地下。许多大殿内都设有暖阁，顾名思义，乃冬日取暖的地方。那么，暖阁的取暖方式是怎样的呢？

　　暖阁靠窗的地方均建有炕床，炕下砌有火道，与殿外靠窗的廊下挖有一米多深的出口相通，平时灶口用木板或方砖覆盖。每到严冬，太监会往灶口里添加燃着的木炭，让不断散发热量的木炭进入火道，再盖上木板或方砖，让木炭产生的热气只能顺着火道循环，呛人的烟气则会排出殿外。因为东、西暖阁一般面积不大，保暖性又好，所以室内的温度很快就会上升，不一会儿室内就会温暖如春。

　　面积巨大的大殿与东、西暖阁的取暖方式不同。大殿一般是用熏笼来进行取暖。熏笼，也就是火盆和火炉。大的熏笼通高一米多，或三足或四足，重达50多千克；小的熏笼只有西瓜大小，可随手提用。因为熏笼不像炕内的火道表面看不出来，所以为了不影响皇宫整体的华贵风格，熏笼的制作也极为精美，有的是青铜鎏金的，有的是掐丝珐琅的。

　　熏笼用的燃料也极为特别，是"红罗炭"。宫中的红罗炭，皆是易州一带山中硬木烧成，运至红罗厂按尺寸锯截，盛炭的筐都是用红土刷过的，"红罗炭"的名字也由此而来。红罗炭可以说是炭中的佳品，不仅经久耐烧、火力旺盛，而且无烟无味，是紫禁城冬天里不可多得的东西，一般只有皇帝、皇后、太后以及一些受宠的妃子才有资格使用红罗炭。另外，宫中的一些重大活动或仪式也会选用红罗炭。

　　紫禁城内大大小小房屋有8000多间，可想而知木炭的需求量有多么巨大。据明代《宛署杂记》中记载，仅万历十八年（公元1590年）的一次殿试，就耗费"红罗炭"近1吨。

　　紫禁城的建筑多为木质结构，所以冬天用火极易引发火灾。虽然宫中对冬天用火有着极为严格的规定，但是难免会有人因一时的疏忽酿成大祸。清嘉庆年间，曾有一名太监疏于防范，将未燃尽的木炭倒在楠木旁边。北风一吹，木炭的火苗又燃起来，不一会儿，就趁着风势燃着了不远处的楠木。火越烧越旺，火势很快蔓延到了乾清宫、交泰殿、宏德殿等地方。这次火灾，虽是一个太监的疏忽造成，最后竟牵连了25个人受重罚。

　　偌大的紫禁城有着庞大的取暖系统，此系统虽不及现代社会中高科技取暖系统那般高效节能，却可以使整个紫禁城抵抗住腊月飞雪、北风呼啸。不论是做工精致的熏笼，还是巧妙设置在炕下的火道，都体现出那个时代的人们所独有的智慧与创新。

宫中的宠物

　　清朝时期，紫禁城中的动物尤为繁多。据清宫档案记载，仅乾隆年间，紫禁城内就喂养有观赏性强的雉鸡和锦鸡，叫声婉转悦耳的棕色画眉、能学人语的大红五彩鹦哥等多达几十种的鸟类。再加上狗、猫、鹿等小动物,其种类近百种。这些动物大多都是各地官员、附属国为了讨好皇帝进贡来的。

很早以前,坊间就流传着关于皇宫中动物的传说。乾隆年间,乾隆皇帝准备前往江南巡游。乾隆养的一只仙鹤也想随队伍前往,好一睹江南风光。于是,这只仙鹤偷偷飞离京城,到了夜晚便落在乾隆居住的行宫屋脊上休息。第二天清晨,乾隆帝看到停在屋脊上的仙鹤,心觉奇怪,便打算拉弓将其射下来。离弦的箭向仙鹤飞去,射中了仙鹤的左腿。仙鹤哀叫一声,连忙扑扇着翅膀飞回了皇宫。据说,至今故宫里某殿的一只铜仙鹤的左腿上,还留有一块箭射的伤痕。

当然,这都是坊间传闻,可信度并不高。但清朝皇宫中的珍禽异兽的确不少,这点从上文中所列的**数据**可见一斑。许多皇帝在御花园设了鹿苑,在华东门内东三所设有养狗处,除此之外,宫廷院落内放养着仙鹤等珍贵飞禽。**整个皇宫内就像设有一个私人动物园。**

明朝皇帝朱厚熜爱猫是出了名的。他养了许多猫,还专门命人设置了一所"猫儿房",用来专门饲养御前有名分的猫。这个"名分"可不是指猫的品种,而是朱厚熜给自己的爱猫们赐的封号。例如,公猫叫"某小厮",被骟过的公猫叫作"某老爹",母猫叫作"某丫头",等等。

这些猫中有一只最得朱厚熜喜爱。那是一只狮子猫,毛色通身微青,唯有双眉"莹然洁白",样子很是招人喜欢。朱厚熜对这只狮子猫宠爱有加,还为它起了一个极响亮的名字"虬龙"。虬龙是古代传说中的瑞兽,宋朝《瑞应图》中记载:"高八尺五寸,长颈骼,上有翼,修垂毛,鸣声九音。有明王则见。"

给一只猫赐予瑞兽的名字,可见朱厚熜对这只猫的喜爱程度。不过,这只狮子猫也的确有让人喜欢的理由。它极为聪慧,颇通人性,虽不会捉老鼠，却有着别的猫不能比的本领。据一些史料记载，这只名为虬龙的狮子猫"善解人意"，"目逐之即逃匿，呼其名则疾至"。它最为亲近朱厚熜，常常围绕在朱厚熜的身边。朱厚熜烦闷时，看到它温顺地围绕在自己的身边，心中的烦闷顿时也就烟消云散。

但再聪明的猫也依旧是逃不开生老病死。有一天，狮子猫像往常一样来到朱厚熜身边。只是这次，狮子猫显得极为疲惫，在朱厚熜的脚边亲昵地蹭了蹭，又围着绕了几圈后便默默离开了，小小的身影染上了哀伤的色彩。当朱厚熜再次见到狮子猫时，狮子猫已经没了呼吸，静静地躺在不起眼的花丛中。这时朱厚熜才明白，之前狮子猫的一系列行为是在向自己告别。意识到这点，朱厚熜悲痛不已，命人将狮子猫埋葬在景山北坡，并专门立了一块碑，上面刻着"虬龙墓"三个字。

不仅仅是"猫儿房"，其实从明朝到清朝，紫禁城中为动物专设的机构并不少见。这些从各地收集来的珍禽异兽，享受着顶级"皇家待遇"。为了照顾好这些动物，内务府专门设置了饲养各种动物的机构。各机构里除设有官员专门负责外，还有负责记录"养牲底簿"的笔帖式（官职名，办理文件、文书的人）、喂养牲畜的苏拉（清代内廷机构中担任勤务的人）。

最为讲究的就是动物的喂养。清宫为了饲养众多的禽兽花费了大量的人力物力。以鸟类的食物举例：雉鸡，每只每月高粱2升，绿豆2升，白菜、绿豆菜各60两；洋鸭，每只每月稻子2升，高粱2升，白菜、大葱各12斤；白喜鹊每只每月用江米1升，每日用猪背脊肉1条，鸡蛋1个；狗头雕，每只每日用羊肠10两。可以说，这些动物比许多百姓吃得还要高级、丰盛。

除此之外，为了防止动物逃跑和伤人，各机构配有持枪的武士——披甲人。皇宫中针对动物所形成的系统可谓面面俱到，是一个绝对严密的管理体系。

如此严密的管理系统，管理的动物究竟有多珍贵？难道就是几只猫、几只狗、几只鹿吗？答案当然是否定的，其中不乏一些珍稀动物。就拿康熙九年（公元1670年）两江总督麻勒吉进奉的一对乌鸦来说。乌鸦不稀奇，即使是现在也经常可以听到它们发着聒噪的"哇哇"声从天上飞过。但是两江总督进奉的这对乌鸦很不一般——是一对白乌鸦！大家都听说过"天下乌鸦一般黑"这句话，这通体纯白的乌鸦，的确可以算得上是珍禽了。无独有偶，在乾隆十一年（公元1746年），漕运总督顾琮又进献给乾隆一对白喜鹊。喜鹊本就是讨喜的报喜鸟，再加上又是罕见的白喜鹊，其珍贵程度可想而知。

紫禁城中动物们的生活状况也同时反映出整个皇室的兴衰。乾隆时期，大清朝还正值"康乾盛世"，乾隆为了充实宫中的动物种类，多次传旨，要各地呈献珍禽异兽。如乾隆四十八年（公元1783年），乾隆给云贵总督富纲下了一道旨："滇省素产孔雀，且多驯养者，该督呈进方物，与其进无用之玉器，莫若进孔雀两对，以备御园饲养。"由此可见那时皇宫对于饲养动物是讲究"越多越好，越珍越好"。

不过随着清王朝的衰弱腐败，国将不国，在饲养动物方面又哪里会如过去时讲究。清末时，有一次养狗处需要40块毡质狗垫，结果从器皿库只领得40块稻草垫。再后来，养狗处连用房都破旧得不能用，且由于财力缺乏，无钱新建，只得借用别处房屋。等到大清国的统治岌岌可危，眼看就要覆灭的时候，动物们就更是吃、住都愁。宫中只好将这些"珍禽异兽"通通放回了大自然。

如今的紫禁城中，早已没有了珍禽异兽们的身影，它们都已成为历史画卷中一抹不起眼的色彩，安静地讲述着一个王朝的兴盛与衰落。